Jehuda Amichai – Gedichte

# Jehuda Amichai

# Gedichte

Herausgegeben und aus dem Hebräischen übersetzt
von

Hans D. Amadé Esperer

Königshausen & Neumann

*Bibliografische Information der Deutschen Nationalbibliothek*

Die Deutsche Nationalbibliothek verzeichnet diese Publikation in der Deutschen Nationalbibliografie; detaillierte bibliografische Daten sind im Internet über http://dnb.d-nb.de abrufbar.


Gedruckt auf säurefreiem, alterungsbeständigem Papier
Umschlag: skh-softics / coverart
Umschlagabbildung: Das Foto stammt von Dan Porges
und zeigt Jehuda Amichai mit 74 Jahren
Bindung: docupoint GmbH, Magdeburg

Printed in Germany
ISBN 978-3-8260-6412-8
www.koenigshausen-neumann.de
www.libri.de
www.buchhandel.de
www.buchkatalog.de

# לשלח זכרונות טורפים*

אני חושב בימים אלה על הרוח שבשערך
ועל השנים שהקדמתי לבוא לעולם לפניך
ועל הנצח שאקדים לצאת אליו,

על הכדורים במלחמה שלא הרגו אותי
אלא את ידידי,
שהיו טובים ממנו משום שלא
המשיכו לחיות כמוני,

על עמדך בקיץ ערומה לפני הכירה
ועל שנרכנת על הספר להיטיב לראות
באור האחרון של יום.

ראי, היו לנו יותר מחיים,
צריכים עכשו לשקול הכל
בחלומות כבדים ולשלח
זכרונות טורפים במה שהיה הוה.

*Übersetzung S. 225

# Inhalt

# Vorwort

Jehuda Amichai, 1924 als Ludwig Jehuda Pfeuffer in Würzburg geboren und im Alter von 12 Jahren mit Deutsch als Muttersprache im geistigen »Gepäck« nach Palästina emigriert, gilt heute als einer der bedeutendsten und meistgelesenen Dichter des hebräischen Sprachraums. Bereits diese wenigen Eckdaten zeigen, dass wir es hier mit einer ganz besonderen Dichterpersönlichkeit zu tun haben. Obwohl Amichai bereits als Kind durch seine Neigung auffiel, aus allem eine Geschichte zu machen und früh durch das gebildete Elternhaus mit den deutschen Klassikern, vor allem Goethe, Schiller und Heine in Berührung kam, ist es eher einem glücklichen Zufall zu verdanken, dass er schließlich selbst zum Schriftsteller, zum Lyriker wurde. Als junger Soldat bei der britischen Armee – Amichai hatte sich inzwischen längst im Hebräischen und auch im Englischen beheimatet – entdeckte er während eines Sandsturms in der Wüste die Lyrik der angelsächsischen Moderne für sich:

*»Es herrschte ein Sturm, und einer der Bücherei-Lastwagen war im Wüstensand umgekippt, wobei die meisten Bücher mehr oder weniger stark beschädigt wurden. Wir stießen zufällig auf das Fahrzeug, und ich begann die Bücher zu inspizieren. Dabei fiel mir eine Faber-Anthologie mit moderner englischer Lyrik in die Hände, die, glaube ich, in den späten 30er Jahren erschienen war. Hopkins war darin der erste Lyriker, Dylan Thomas der letzte. Das war meine erste Begegnung mit moderner englischer Dichtung, das erste Mal, dass ich Eliot und Auden las, die für mich sehr wichtig wurden. Ich entdeckte sie in der ägyptischen Wüste in einem halb zerstörten Buch. Dieses Buch hatte einen enormen Einfluss auf mich – ich denke, das war der Beginn für mich, ernsthaft darüber nachzudenken, eigene Lyrik zu schreiben.«*[1]

---

[1] Jehuda Amichai in einem Interview mit dem Paris Review, Yehuda Amichai: The Art of Poetry, Nr. 44; Übers. H.D.A. Esperer

Nach diesem lyrischen Erweckungserlebnis und dem Entschluss, selbst zu schreiben, vergingen allerdings noch einige Jahre, bis Amichais erster Lyrikband *Nun und an anderen Tagen* erschien. Doch dieser Band hatte es in sich und sollte die hebräische Literatur revolutionieren. In bisher nicht dagewesener Art waren die Gedichte nicht für ein elitäres Publikum, sondern für alle Schichten geschrieben und trafen haargenau den Ton der Zeit. Da schrieb zum ersten Mal einer in einem klar verständlichen Hebräisch und scheute sich nicht, auch umgangssprachliche, ja sogar Jargon-Elemente zu verwenden. Da schrieb einer frei von jeder Ideologie und beleuchtete mit eindrucksvollen Metaphern und farbigen Bildern die großen Themen der Zeit: die Euphorie und Enttäuschungen, die mit dem eben erst gegründeten Staat Israel zusammenhingen, ebenso wie das Leben und die täglichen Mühen des Einzelnen in einer turbulenten Zeit, die nach der Shoah immer noch von kriegerischen Auseinandersetzungen um das Land geprägt war. Da hatte einer einen neuen Ton gefunden, der die Sprache der europäischen Moderne mit der metrischen Kunst des goldenen hebräischen Zeitalters und der archaischen Kraft biblischer Texte in einzigartiger Weise zu verknüpfen wusste. Da schrieb einer, dessen Verse die Sprache der Vernunft und Kritik mit der Sprache der Schönheit und des Herzens versöhnte. Amichais Stimme war so kräftig und hatte so viel zu sagen, dass sie bald zur Lieblingsstimme des israelischen Publikums wurde. Auch international wurde der Dichter enorm erfolgreich und gilt heute als der meistübersetzte Lyriker Israels. Bis zu seinem Tod am 22. September 2000 blieb er literarisch produktiv und hat ein immenses Werk hinterlassen, das alleine dreizehn Gedichtbände und darüber hinaus zwei Romane, mehrere Kurzgeschichtenbände, zahlreiche Theaterstücke, Hörspiele und Kinderbücher umfasst.

Obwohl Amichais Werke inzwischen in vierzig Sprachen übersetzt vorliegen, wurde bislang nur eine minimale Auswahl seiner Gedichte aus der frühen und mittleren Schaffensphase ins Deutsche übertragen. Aber leider sind diese wenigen Bände heute vergriffen und nicht wieder aufgelegt. Die vorliegende Anthologie ist aus dem Bedürfnis entstanden, die Gedichte dieses großen Lyrikers dem deutschsprachigen Publikum umfassend zugänglich zu machen. Dafür wählte der Herausgeber wichtige Gedichte aus der frühen, mittleren und späten Schaffensperiode nach Leitmotiven aus und übersetzte sie neu aus dem Hebräischen. Amichai selbst sagte einmal, was die Qualität von Übersetzungen und Gedichten anbelangt: »*Das Gedicht sollte robust genug sein, um durch oder trotz der Übersetzung zu sprechen, gerade so wie auch die Bibel viele Übersetzungen überlebt hat*«[2]. In diesem Sinne hofft der Übersetzer, dass Amichais Gedichte *durch* seine Übersetzung zum deutschsprachigen Leser sprechen mögen.

[2] »*The Poem should be robust enough to speak through or despite translation, just as the Bible survived many translations* «, zit. nach Muata Y., Translation as spiritual community, Trad Term 1996;3:67

# Editorische Notiz

Alle Gedichte wurden aus dem Neuhebräischen zunächst wortgetreu übersetzt. Die resultierenden Interlinear-Versionen wurden in einem zweiten Schritt der deutschen Syntax angepasst und in einem dritten in eine möglichst getreue poetische Sprache gebracht. Die Zeilenlängen, die in den freien Formen der Originalgedichte oft der hebräischen Metrik gehorchen, wurden, soweit es die deutsche Syntax erlaubte, beibehalten, um Sinnzusammenhänge zu betonen. Es wurde jedoch stets darauf geachtet, den flüssigen Rhythmus des hebräischen Originals auch in der deutschen Übersetzung spürbar zu machen. Die im Frühwerk Amichais häufig anzutreffenden endgereimten Formen, wie Sonette, Couplets, Quartette, Quintette und Liedformen, wurden, bis auf ganz wenige Ausnahmen, ungereimt ins Deutsche übertragen, um von der Wortwahl her nicht zu stark vom Amichaischen Original abweichen zu müssen.

Die mehr als tausend Gedichte, die Amichai verfasst hat, behandeln die vielfältigsten Aspekte des menschlichen Lebens und lassen eigentlich jede Einteilung als willkürlich erscheinen. Dennoch waren bestimmte Hauptthemen auszumachen, die wie Leitmotive alle Schaffensphasen durchziehen und es erlaubten, die Gedichte in sieben Themengruppen zu präsentieren. Innerhalb jeder Themengruppe wurden die Gedichte chronologisch nach Entstehungszeitraum arrangiert.

Wegen der vielen intertextuellen Bezüge von Amichais Gedichten zu den religiösen Schriften des Judentums und den vielfältigen Anspielungen auf die moderne israelische Geschichte und Gesellschaft werden in einem eigenen Kapitel und einem Glossar die relevanten Begriffe erklärt.

# Gedichte

*Einst war hier Hebräisch die Gassensprache Gottes,*
*jetzt sage ich in ihr Worte der heiligen Lust.*
*(Aus: Eine Touristin)*

# Liebe

## Sechs Gesänge für Tamar

*(Aus: Nun und an anderen Tagen)*

1.
Der Regen sprach beruhigend,
du kannst jetzt schlafen.

Neben meinem Bett flatterte eine Zeitung mit ihren Flügeln,
es gab sonst keine Engel.

Ich werde früh aufstehen, um den Tag zu bestechen,
gut zu uns zu sein.

2.
Du hattest ein Traubenlachen,
viel grünes, rundes Lachen.

Dein Körper war voller Eidechsen,
und alle liebten sie Sonne.

Blumen wuchsen im Feld und Gras auf meinen Wangen,
alles war möglich.

3.
Immerzu lagst du mir
in den Augen.

An jedem Tag unserer Zweisamkeit
radierte Kohelet eine Zeile aus, aus seinem Buch.

Wir waren der rettende Beweis in dem schrecklichen Prozess.
Wir würden sie alle freisprechen

4.
Wie Blutgeschmack auf einmal im Mund
war plötzlich Frühling für uns.

Die Welt war wach in dieser Nacht,
sie lag auf dem Rücken mit offenen Augen.

Der Vollmond schmiegte sich an deine Wangen,
an meine Wangen schmiegten sich deine Brüste.

5.
Dein Herz spielte Blutfangen
in deinen Adern.

Deine Augen waren warm und weich wie Betten,
in denen die Zeit sich ausruht.

Deine Hüften waren zwei süße Gestern,
ich kam zu dir.

Alle hundertfünfzig Psalmen
jubilierten auf einmal.

6.
Meine Augen wollten ineinander fließen
wie zwei benachbarte Seen,

um einander alles zu sagen,
was sie sahen.

Mein Blut hat viele Verwandte.
Sie kommen nie zu Besuch.

Doch wenn sie sterben,
erbt alles mein Blut.

## Wir zwei zusammen und jeder für sich allein

*(Aus: Nun und an anderen Tagen)*

Mein Mädchen, vorbei ist wieder ein Sommer,
und mein Vater kam nicht zum Vergnügungspark.
Die Schaukeln schaukeln weiter auf und ab.
Wir zwei zusammen und jeder für sich allein.

Der Meereshorizont verliert seine Schiffe –
es ist schwer, jetzt überhaupt etwas zu behalten.
Hinter dem Hügel warten die Krieger.
Gnade ist, was wir jetzt dringend bräuchten.
Wir zwei zusammen und jeder für sich allein.

Der Mond sägt jetzt die Wolken entzwei.
Komm und lass uns ein Liebesduell beginnen,
nur wir beide, Liebe machen vor dem Lager der Soldaten.
Vielleicht ist es möglich, noch alles zu wenden.
Wir zwei zusammen und jeder für sich allein.

Meine Liebe hat mich, so scheint es, verwandelt,
aus salziger See bin ich zu süßen Tropfen geworden,
im ersten Herbstregen regne ich langsam herab auf dich.
Empfange mich! Wir haben keinen rettenden Engel.
Denn wir zwei sind zusammen. Jeder für sich allein.

## High Heels

*(Aus: Gedichte 1948-1962)*

Die Erde antwortete mehrmals: »Herein!«
als du mit deinen High Heels
knallend über das Pflaster spaziertest, »Herein!«
rief sie, doch du konntest es nicht hören.

## Jakob und der Engel

*(Aus: Gedichte 1948-1962)*

Gegen Morgen stöhnte sie und ergriff ihn so
und überwältigte ihn.
Dann ergriff er sie so und überwältigte sie.
Beide wussten,
dass das den Tod bringt.
Und sie nannten einander nicht ihre Namen.

Aber im ersten Licht der Morgendämmerung
sah er ihren Körper,
der weiß geblieben war
an den Stellen, die der Badeanzug
gestern bedeckte.

Danach rief man sie plötzlich von oben
zweimal,
wie man ein Mädchen heim ruft
vom Spielplatz.
Und er wusste ihren Namen und ließ sie gehen.

## Bedouinenliebe

*(Aus: Nun im Aufruhr)*

Kein Haus nahm uns auf.
Ich streckte mich wie ein Zelt über dir,
ich breitete mich unter dir aus wie Stroh.
Dein rotes Kleid öffnete sich wie ein Kelch zum Himmel,
als du auf mir saßest, kerzengerade wie auf einem Sattel,
dass deine Schenkel die harte Erde nicht berührten.

»*Meschugge*[3]«, sagtest du in deiner fremden Sprache:
Sein Hund starb an der Leine.
Seine Freunde sind weit weg.
Sein Sohn träumt davon, ein *Kaddisch* zu sagen.

---

[3] משוגע: verrückt (m.)

## Zweiundvierzig Lichtjahre

*(Aus: Die Reisen des letzten Benjamin von Tudela,*
*Nun im Aufruhr)*

Zweiundvierzig Licht- und zweiundvierzig Nachtjahre.
Trinker und Vielfraß, schlemmend und feiernd,
wie die letzten römischen Caesaren in abgegriffenen
Geschichtsbüchern.
Verrückte Graffiti und Sprüche in Toilettenwände
geritzt,
heroische Berichte von Eroberung und Untergang,
leeres Leben und nutzloser Tod. Rebellionen, Revolten
und Niederschlagung
von Revolten beim Festschmaus. Im durchsichtigen
Nachthemd
erhebst du dich, beflaggt zum Aufstand gegen mich,
das Haar
fliegt fahnengleich nach oben und sträubt sich nach
unten.
Fanfare, laute Fanfare. Flasche in Scherben und
Schlachtruf.
Niederschlagung des Aufstands mit dem Hüfthalter einer
Frau, Erstickung mit
transparenten Nylons, Steinigung mit den spitzen
Absätzen von High Heels.
Zirkusduelle, mit einem zerbrochenen Flaschenhals
bewaffnet
gegen ein Netz aus weichen Dessous, Schuhe gegen
tückischen Musselin,
Zunge gegen Forke, halber Fisch gegen halbe Dame.
Strapse und Knöpfe,

Büstenhalter knospendekoriert, Verstrickung von
Schnallen und Kampfanzug.
Fanfaren, gedämpfte Fanfaren. Fußballfangeschrei vom
nahen Spielfeld.
Und ich liege schwer auf dir, ruhe wie ein Gewicht, dass
weder Wind noch Zeit
dich von hier wegblasen können, wie Fetzen Papier oder
Stunden.

## Hastig und herb

*(Aus: Nun im Aufruhr)*

Hastig und herb kam das Ende.
Aber lange und lieblich war die Zeit zwischen uns,
lange und lieblich die Nächte,
als meine Hände sich nicht in Verzweiflung berührten,
sondern in Lust deinen Körper, der zwischen sie kam,
und als ich in dich drang, schien das die Chance, Glück
zu messen mit der Genauigkeit von scharfem Schmerz.
Hastig und herb.

Lange und lieblich waren die Nächte,
Herb und knirschend wie Sand ist das Heute.
»*Lass uns vernünftig sein !*« und ähnliche
    Verwünschungen.

Und je weiter wir uns von der Liebe entfernten,
desto mehr Worte hatten wir nötig,
Worte und lange, geordnete Sätze.

Wären wir zusammen geblieben,
hätten wir ein Schweigen bleiben können.

## Schade, wir waren so eine gute Erfindung

*(Aus: Nun im Aufruhr)*

Man amputierte
deine Schenkel von meinen Hüften.
Was mich angeht,
so waren das alles Chirurgen. Alle.

Sie nahmen uns auseinander,
jeden vom anderen.
Was mich angeht,
so waren das alles Mechaniker. Alle.

Schade. Wir waren so eine gute,
liebenswerte Erfindung. Ein Flugzeug aus Mann und Frau,
Flügel und alles:
Wir hoben sogar ein bisschen ab von der Erde
und flogen ein wenig.

## Morgens stehe ich an deinem Bett

*(Aus: Und nicht zum Erinnern)*

Morgens stehe ich an deinem Bett,
mein Schatten fällt auf dein Gesicht,
vertieft noch deinen Schlaf
und schenkt dir eine Extranacht.

Wie die Finger eines Rauchers hat sich
deine liebessüchtige Seele verfärbt.

Ich liebe dich
aus ganzem Herzen und noch mehr.

**Liebesgaben**

*(Aus: Hinter all dem verbirgt sich großes Glück)*

Ich gab dir
Schmuck für deine Ohren, deine Finger,
vergoldete dir die Zeit an deinem Handgelenk,
behängte dich mit funkelnden Ringen,
dass sie im Wind blinken
und heimlich über mir klingeln
und meinen Schlaf beruhigen.

Ich bettete dich auf Äpfeln, wie es geschrieben steht,
um mich mit dir auf apfelrotem Lager zu wälzen.

Ich bedeckte deine Haut mit dünnem rosa Tuch,
durchsichtig wie Babyskorpione
mit Diamantenaugen schwarz wie Sommernächte.

Du erlaubtest mir, ein paar Monate zu leben,
ohne Religion zu bedürfen
oder eines Blickes auf die Welt.

Du hast mir einen silbernen Brieföffner geschenkt:
Aber Briefe wie diesen öffnet man nicht damit.
Man reißt sie auf, man reißt sie auf, man reißt sie auf!

**Nabel**
*(Aus: Hinter all dem verbirgt sich großes Glück)*

»In unseren Tagen wird nicht länger
Krieg erklärt:
Es IST Krieg
und es gibt keine Liebeserklärungen mehr«.

In einem dünnen Nachthemd,
offen bis zum Kinn, standst du vor mir
ein Wort
(die Verrückte vom Nebenzimmer lachte)
ein tief gesunkenes Wort:
NABEL.

**Ein Hund nach der Liebe**
*(Aus: Hinter all dem verbirgt sich großes Glück)*

Nachdem du mich verlassen hast
ließ ich einen Spürhund meine Brust
und meinen Bauch beschnüffeln. Ließ ihn die Nüstern füllen
und schickte ihn auf deine Spur.

Ich hoffe, er findet dich und reißt
deinem Lover die Eier auf und beißt
seinen Schwanz ab –
oder bringt mir wenigstens
deine Nylons zwischen den Zähnen.

## Damit du wieder zu dir kommst

*(Aus: Hinter all dem verbirgt sich großes Glück)*

Damit du wieder zu dir kommst von den Wörtern,
die du gesagt hast, musst du zurück in die Vergangenheit,
zurück zu diesen Wörtern.

Schöner Abend. »*Also kommst du nicht wieder?*«
Er blieb dort und verweilte in Verwirrung.
Ihre Stimme schniefte und schnaubte,
während sie die ganze Nacht im Selbstgespräch verharrte.

Er lässt Trauben aus seiner Hand fallen,
während er unter Ölbäumen einhergeht:
So führt er alle in die Irre.

## Früchtetee

*(Aus: Stunde der Gnade)*

Sie schenkte ihm Früchtetee ein, zur Beruhigung,
und sagte: »Deine Sehnsucht ist wilde Lust,
gezähmt über viele, viele Jahre,
weißt du, wie Wölfe und Hunde.
Heute Nacht wirst du wie vor tausend Jahren sein.«

Dann führte sie ihn an seinem rauen Schwanz
in ein weißes Schlafzimmer,
zum Gefallen von Gott und den Menschen.

»Du wirst dich wundern, was Flügel vermögen,
du wirst dich wundern,
selbst schwere Schenkel und Erinnerung.«

## Eine Stewardess

*(Aus: Große Ruhe: Fragen und Antworten)*

Löschen Sie Ihr Rauchzeug, sagte die Stewardess,
aber sie spezifizierte nicht, ob Zigarette, Zigarre oder Pfeife.
Ich dachte mir: Du hast schönes Liebeszeug
und spezifizierte auch nicht weiter.

Sie sagte mir, den Sitzgurt anzulegen
und mich anzuschnallen, ich sagte ihr:
»Ach wären doch alle Schnallen in meinem Leben wie Ihr
Mund geformt«.

Sie erwiderte: »Möchten Sie Ihren Kaffee jetzt oder später
oder gar nicht?« und zog an mir vorbei
hoch wie der Himmel.

Die kleine Narbe an ihrem Arm
verriet, sie würde niemals die Pocken bekommen,
und ihre Augen sagten, sie würde sich nie wieder verlieben.
Sie gehörte zur konservativen Partei von denen,
die im Leben nur eine große Liebe haben.

## Eine exakte Dame

*(Aus: Stunde der Gnade)*

Eine exakte Dame mit Kurzhaarschnitt bringt Ordnung
in meine Gedanken und mein Schubladenchaos,
eine Dame die Gefühle umrangiert wie Möbel
an einen neuen Platz,
eine Dame mit aufgeteiltem Körper, sogfältig in der
        Hüfte getrennt
zwischen oben und unten,
eine Dame mit wetterprophezeienden Augen
aus unzerbrechlichem Glas.
Sogar ihr Lustgestöhn folgt einer Ordnung,
schön getrennt und nacheinander, nicht vermischt:
Taube zahm, dann Taube wild,
dann Pfau, verwundeter Pfau, kreischender Pfau,
dann wieder wilde Taube, zahme Taube, Taube, Taube,
Singdrossel, Singdrossel, Singdrossel.

Eine exakte Dame: Auf dem Bettvorleger
zeigen ihre Schuhe immer weg vom Bett.
(Meine Schuhe zeigen immer hin zu ihr).

## Lied von Liebe und Leid

*(Aus: Große Ruhe: Fragen und Antworten)*

All die Zeit, die wir zusammen waren,
waren wir wie eine gute, nützliche Schere.

Nachdem wir getrennt wurden, waren wir wieder
zwei scharfe Klingen,
festgeklemmt im Fleisch der Welt,
jede an ihrem Platz.

**Der Körper ist der Grund für Liebe**
*(Aus: Vom Menschen bist du und zum Menschen kehrst du wieder zurück)*

Der Körper ist der Grund für Liebe,
danach ist er die Festung, die sie schützt,
danach ist er ihr Gefängnis.
Aber, wenn der Körper stirbt, dann wird die Liebe freigesetzt
in größtem Überfluss,
als spucke ein durchgeknallter Münzautomat
mit wildem Geklingel auf einmal
die Münzen all der glücklichen Geschlechter aus.

## Die Körper der Menschen

*(Aus: Vom Menschen bist du und zum Menschen kehrst du wieder zurück)*

Die Körper der Menschen unterscheiden sich von
einander,
doch ihre Seelen sind sich gleich, voll von herrlichem
Nutzen,
wie Flughäfen.
Gib mir daher nicht deine Seele,
gib mir deinen Körper, den ich nie ganz kennen werde,
gib mir das Gefäß und nicht den Inhalt!

Daher steh mit mir auf Flughäfen,
wo man den Trennungsschmerz wie Waisenkinder
in nette Worte kleidet,
wo Drinks und Essen teuer sind,
doch Mensch und Schicksal billig.

Ein Mann spricht in ein Telefon,
und sein Mund trinkt Kummer und Liebe aus dem Hörer.

Weiße Hände wie Bräute
haben auch jene, die weinen,
und Arme ohne Umarmung,
was werden sie tun in der Welt?

Meine Seele wird mit meinem Körper sterben.

## Erinnerte Liebe: Das Wunschbild

*(Aus: Vom Menschenbist du und zum Menschen kehrst du wieder zurück)*

Ich kann mir nicht vorstellen,
wie wir ohne einander leben sollen,
so sagten wir.

Seither leben wir in diesem Bild
Tag für Tag, entfernt von einander,
und fern von dem Haus,
in dem wir das sagten.

Alle Türen schließen sich, alle Fenster gehen auf,
schmerzlos wie eine Operation in Vollnarkose.

Die Schmerzen erst später.

## Im Inneren des Apfels

*(Aus: Vom Menschen bist du und zum Menschen kehrst du wieder zurück)*

Du besuchst mich im Inneren des Apfels.
Zusammen hören wir das Messer,
wie es um uns herumschält, mit Bedacht,
dass die Schale nicht reißt.

Du sprichst mit mir, und deine Stimme ist mir vertraut,
denn in ihr sind Stücke von starkem Schmerz,
so wie in echtem Honig Wachsstücke sind
von der Wabe.

Mit meinen Fingern taste ich nach deinen Lippen,
auch das eine prophetische Geste,
deine Lippen sind dunkelrot, wie ein verbranntes Feld.
Es ist alles wahr.

Du besuchst mich im Inneren des Apfels
und du bleibst mit mir im Inneren des Apfels,
bis das schälende Messer sein Werk vollbracht hat.

**Die Sprache der Liebe und Tee mit gerösteten Mandeln, Nr. 1, 9 u. 10**
*(Aus: Offen – Verschlossen – Offen)*

1.
*Leila*, Nacht, das Weiblichste von allem, ist im Hebräischen männlich,
es ist aber auch ein Frauenname. Der Tag ist männlich und der ganze Tag
ist weiblich. Die Erinnerung ans Männliche steckt im Weiblichen und das Verlangen
nach einer Frau im Mann. Das heißt: wir beide, das heißt: wir!
Warum aber steht *Elohim*, also Gott, im Plural? Weil alle von ihm
im Schatten eines Baldachins aus Reben in Akko sitzen
und Karten spielen. Wir saßen an einem Tisch in der Nähe,
ich hielt deine Hand und du hieltest meine statt Karten, und auch wir
waren männlich und weiblich, Mehrzahl und Einzahl,
und wir tranken Tee zu gerösteten Mandeln,
zwei Geschmäcker, die sich nicht kannten, wurden eins in unserem Mund.
Über der Tür des Cafés, unterm Himmel, stand:
»Keine Haftung für Vergessenes oder Verlorenes«.

9.
Wie ein Fotograf, der das Meer und die Wüste bis zum Rand des Horizontes fotografiert
und in das Bild ganz vorne etwas Großes bringen möchte,
wie einen Ast, einen Stuhl, das Eck eines Hauses oder einen Felsen,
um die Unendlichkeit zu fühlen, und dabei das Meer und die Wüste vergisst,
so liebe ich dich - deine Hand, dein Gesicht, dein Haar, deine Stimme in der Nähe –
und vergesse dabei die unendliche Entfernung und die Enden der Endlosigkeit.
Und wenn wir einmal sterben, werden nur Meer, Wüste und Gott sein,
auf die wir so gerne aus dem Fenster blickten.
Friede sei dem Fernen, Friede sei dem Nahen, Friede sei dem wahren Gott!

10.
So zeichnen sich Liebende vor allen anderen aus:
Andere mögen sagen »Nimm meinen Platz ein«,
aber Liebende halten wirklich ihr Wort.
Nun bin ich an deiner Stelle und du bist an meiner. Du bist ich, und ich bin du.
Alles hat sich geändert; nichts hat sich geändert. Nur die Orte.
Die anderen. Manchmal streiten die Leute »Du benutzt mich ja nur«,
»du willst nur deinen Vorteil«.
Liebende aber sagen dieselben Worte fröhlich und mit Leidenschaft:
»Ich will es so, zieh deinen Vorteil aus mir!«,
»Ich will es auch, brauche mich auf!«

*Der Denkmalwald, wo wir uns liebten,*
*ist abgebrannt in einer großen Feuersbrunst.*
*Wir beide aber blieben am Leben und in der Liebe,*
*des abgebrannten Waldes zu gedenken*
*und der Verbrannten, an die der Wald erinnerte*
*(Aus: Sommer und das Ende der Prophezeiungen)*

# Kämpfe, Kriege, Falsche Helden

## Benzingeruch steigt mir die Nase hoch

*(Aus: Nun und an anderen Tagen)*

Benzingeruch steigt mir die Nase hoch,
doch deine Seele, Mädchen, halte ich,
so wie mein toter Vater seinen Etrog noch
in Tuch gewickelt hielt, beschütz‘ ich dich.

Sieh her, der Ölbaum wundert sich nicht mehr,
er kennt die Zeitenwechsel und weiß, dass ich nun fort
muss, wische dir die Tränen ab und komme her
zu mir und lächle wie die beiden auf dem Foto dort.

Ich pack nun meine Sachen ein, mein Hemd
und alles. Dich werd‘ ich nie vergessen, Mädchen mein,
du bist mein letzter Lichtblick hier, die Wüste ist mir fremd
sie bringt nur Krieg und Tot – und wer kehrt heim?

Dein Lachen war immer so hell, jetzt bist du still,
das liebe Land wird niemals weinen,
der Wind wird machen, was er will.
Wann wird die Zeit uns wieder einen?

Die Erde ist voll Blut und Schimmel,
doch wir sind übrig geblieben,
ein Düsenjet macht Frieden am Himmel
für uns und alle, die sich im Herbst noch lieben.

## Ich wartete auf mein Mädchen

*(Aus: Nun und an anderen Tagen)*

Ich wartete auf mein Mädchen, doch ihre Schritte kamen
nicht.
Und ich hörte einen Schuss – Soldaten
trainierten für die Schlacht.
Soldaten trainieren immer für eine Schlacht.

Dann öffnete ich den Kragen meines Hemdes
und seine zwei Ecken zeigten
in entgegengesetzte Richtungen.
Mein Hals ragte auf zwischen ihnen, und darauf
der Scheitel meines ruhigen Hauptes
mit meinen Augen als Früchte.

Und unten in der warmen Westentasche
gab mir das Klingeln meiner Schlüssel etwas Sicherheit
für all die Dinge, die man noch
verschließen und behalten konnte.

Mein Mädchen läuft noch immer durch die Straßen
und trägt die Juwelen des Endes
und die Perlen der schrecklichen Gefahr
um ihren Hals.

## Gott hat Mitleid mit Kindergartenkindern

*(Aus: Nun und an anderen Tage)*

Gott hat Mitleid mit Kindergartenkindern,
weniger mit Schulkindern.
Doch für Erwachsene kennt er kein Erbarmen mehr,
er lässt sie allein,
und manchmal müssen sie auf allen Vieren kriechen
durch glühenden Sand,
um die Erste-Hilfe-Station zu erreichen,
blutüberströmt.

Vielleicht den wahrhaft Liebenden
gewährt er Mitleid, Gunst und Schutz,
wie ein Baum am Boulevard
dem Alten auf der Bank.

Vielleicht werden auch wir ihnen
die letzten Münzen Mitleid geben,
die unsere Mutter uns einmal gab,
so dass uns ihr Glück beschützt,
nun und an anderen Tagen.

## Ich will in meinem Bett zu Hause sterben

*(Aus: Zwei Hoffnungen entfernt)*

Die ganze Nacht marschierte die Armee von Gilgal herauf,
um es rechtzeitig zum Schlachtfeld zu schaffen.
Die Toten lagen am Abend in der Erde.
Ich will in meinem Bett zu Hause sterben.

Ihre Augen waren eng wie die Schussschlitze der Panzer.
Ich gehöre stets zur Minderheit, und sie sind die Mehrheit.
Ich muss antworten, und sie können mich befragen.
Aber ich will in meinem Bett zu Hause sterben.

Sonne, Achtung dort bei Gibeon! Bereit, für immer
stillzustehen,
die Anführer von Mord und Totschlag zu beleuchten.
Vielleicht werde ich meine Frau nicht mehr sehen, wenn
man sie erschlägt.
Ich will in meinem Bett zu Hause sterben.

Samson war ein Held dank seiner langen schwarzen Haare.
Mich scherte man als man mich zum Pflichthelden machte
und mir beibrachte, vorwärtszustürmen.
Aber ich will in meinem Bett zu Hause sterben.

Ich sah, dass es möglich ist, überall zurechtzukommen,
und sogar die Höhle des Löwen zu möblieren.
Es macht mir nichts mehr aus, allein zu sterben.
Aber ich will in meinem Bett zu Hause sterben.

## Es ist lange her, dass jemand fragte

*(Aus: Gedichte 1948-1962)*

Es ist lange her, dass jemand fragte, wer in diesen
        Häusern wohnte,
wer damals hier als letzter sprach und wer
seine Kleider in diesen Häusern vergaß und wer
geblieben ist. »*Warum ist er nicht auch geflohen?*«

Ein toter Baum zwischen blühenden, ein toter Baum.
Ein alter Fehler, frühes Missverständnis,
am Ende des Landes, der Anfang der Ära
eines anderen. Ein bisschen Ruhe dort.

Die Ereignisse von Körper und Hölle.
Das Ende des Endes, das sich flüsternd bewegt.
Es strich der Wind durch diesen Ort,
und ein ernster Hund sah Leute lachen.

## Jungdavid

*(Aus: Gedichte 1948-1962)*

Nach den ersten Jubelschreien
kam David zurück zu all den Jungs
mit ihren Waffen, sie waren laut
und schon so erwachsen.

Mit Schulterklopfen, mit heiserem Lachen.
Und einer fluchte, und andere spuckten aus.
Doch David war einsam
und fühlte zum ersten Mal, es gab keine Davide mehr.

Und plötzlich wusste er nicht mehr, wohin mit Goliaths
Kopf,
den hatte er aus irgendeinem Grund vergessen
und hielt ihn immer noch an seinen Locken.

Schwer und überflüssig war er nun,
und die Blutvögel, die weit weg geflogen waren,
hörten wieder nicht, wie er, das Schreien der Leute.

## Ich bin müde

*(Aus: Hinter all dem verbirgt sich großes Glück)*

Ich bin müde wie eine uralte Sprache,
in die fremde Worte eingedrungen sind.
Ich kann sie nicht beschützen.

Ich werde mir einen Hund kaufen
und ihn Sehnsucht lehren.

Eine Tür knarrt:
Es ist nicht die, die ich liebe.

Aber an Abenden der Gnade sind die Straßen noch voll
von Ersatzvätern und Ersatzmüttern.

## Zionsgesänge Nr. 4 und 8
*(Aus: Hinter all dem verbirgt sich großes Glück)*

4.
Ich habe nichts mehr zum Krieg zu sagen.
Ich habe nichts hinzuzufügen. Ich schäme mich!

All das Wissen, das ich in meinem Leben erwarb,
gebe ich jetzt auf, wie eine Wüste, die das Wasser aufgibt.
Ich vergesse Namen, von denen ich dachte,
ich würde sie nie vergessen.

Und wegen des Krieges sage ich noch einmal,
um einer letzten einfachen Süße willen:
Die Sonne dreht sich um die Erde, ja!
Die Erde ist flach wie eine verlorene Planke, ja!
Es gibt einen Gott im Himmel, ja!

8.
Was hat der Mann, der zu Tode verbrannt ist, von uns
verlangt?
Was das Wasser von uns wollte:
kein Geräusch machen, es nicht trüben,
ganz still sein am Ufer,
es fließen lassen.

## Sieben Klagen für die Gefallenen

*(Aus: Hinter all dem verbirgt sich großes Glück)*

1.
Herr Beringer, dessen Sohn
am Kanal fiel, den Fremde gruben,
damit Schiffe die Wüste durchqueren können,
lief mir am Jaffa-Tor über den Weg.

Er ist sehr dünn geworden,
hat das Gewicht seines Sohnes verloren.
Deshalb schwimmt er so leicht durch die Straßen
und verfängt sich in meinem Herzen wie Treibholz.

2.
Als Kind zerdrückte er ihm immer Kartoffeln
zu einem goldgelben Brei.
Und dann stirbt man.

Ein lebendiges Kind muss gewaschen werden,
wenn es vom Spielen zurückkommt.
Aber für einen toten Mann sind Erde und Sand das
frische Wasser,
um sein Fleisch für alle Zeit zu waschen und zu reinigen.

3.
Das Grabmal des Unbekannten Soldaten
da drüben. Auf der Feindesseite.
Ein gutes Ziel für künftige Schützen.

Oder das Kriegerdenkmal in London,
in Hyde Park Corner, das reich verziert ist,
wie ein prächtiger Kuchen: Noch ein Soldat, der den Kopf
hebt

und das Gewehr, noch eine Kanone, noch ein Adler, noch
ein steinerner Engel.
und die Schlagsahne einer riesigen Marmorfahne
oben drauf,
von Künstlerhand.

Die kandierten, viel zu roten Kirschen
hatte der Vielfraß
schon verschlungen. Amen.

4.
Ich stieß auf ein altes Zoologiebuch,
Brehm, Band II, Vögel:
In süßer Sprache eine Beschreibung vom Leben der Stare,
Drosseln und Schwalben.
Mit Fehlern, aber mit viel Liebe, stand in alten gotischen
Lettern:
»*Unsere gefiederten Freunde*« wandern von uns in wärmere
Länder. Nest,
gesprenkeltes Ei, dünnes Federkleid, Nachtigall,
Storch, »*Boten des Frühlings*«, Rotkehlchen.

Erscheinungsjahr: 1913, Deutschland,
am Vorabend des Krieges, der Vorabend meiner Kriege war.
Mein guter Freund, der in meinen Armen starb,
in seinem Blut, am Strand von Ashdod im Juni 1948.

O mein Freund,
Rotkehlchen.

5.
Dicky wurde getroffen
wie der Wasserturm von Jad Mordechai.
Getroffen. Ein Loch im Bauch. Alles
kam herausgeflossen.

Aber er blieb so stehen
in der Landschaft meines Erinnerns,
wie der Wasserturm von Jad Mordechai.

Er fiel nicht weit von hier,
ein bisschen nördlich von Chuleikat.

6.
Ist das alles Kummer und Gram? Ich weiß nicht.
Ich stand auf dem Friedhof
maskiert mit den Kleidern eines Lebenden:
braune Hose und sonnengelbes Hemd.

Friedhöfe sind billig und mit wenig zufrieden.
Sogar die Papierkörbe sind klein und fassen nur das
Blumenpapier.
Friedhöfe sind eine höfliche und disziplinierte Sache.

»*Je te n'oublierai jamais*« Ich werde dich niemals vergessen«,
stand in Französisch auf einer kleinen Tonplatte.
Ich weiß nicht, wer da niemals vergessen wird:
Er ist anonymer als der, der starb.

Ist das alles Kummer und Gram? Ich denke so:
»*Findet Trost beim Aufbau der Heimat!*«.
Wie lange ist es möglich, die Heimat aufzubauen
und mit dem schrecklichen, dreifachen Wettlauf
zwischen Tröstung, Aufbau und Tod Schritt zu halten?
Ja, das alles ist Kummer und Gram. Aber
lass immer ein bisschen Liebe brennen
wie die kleine Lampe im Zimmer des schlafenden Babys,
die ihm ein wenig Sicherheit gibt und stille Liebe,
wenn es auch nicht weiß, was für ein Licht das ist
und woher es kommt.

7.
Gedenktag für die Gefallenen:
Häufe deine Trauer über all jene, die du verloren hast,
einschließlich der Geliebten, die gegangen ist,
auf die Trauer über ihre Verluste. Mische Gram mit Gram,
wie die Geschichte, die in ihrer ökonomischen Art
Feier, Opfer und Schmerz auf einen einzigen Tag legt
als bequemes Datum zum Erinnern.

O süße Welt, vollgesogen wie Brot
mit süßer Milch für den schrecklichen
zahnlosen Gott. *Hinter all dem*
*verbirgt sich großes Glück.*

Was würde es helfen, innerlich zu weinen
und nach außen laut zu werden?
Hinter all dem verbirgt sich vielleicht großes Glück.

Gedenktag. Bittersalz, geschmückt
wie ein kleines Mädchen mit Blumen.
Seile sind entlang der Straße gespannt
für die gemeinsame Parade von Lebenden und Toten.
Kinder marschieren im Schritt von fremder Trauer,
so, als schritten sie über zerbrochenes Glas.

Der Mund der Flötistin wird tagelang gespitzt sein.
Ein toter Soldat schwimmt zwischen den kleinen Köpfen
mit den Schwimmbewegungen von Toten und dem uralten
Fehler der Toten bezüglich des Ortes lebendigen Wassers.

Eine Fahne verliert den Kontakt zur Wirklichkeit und fliegt
    davon.
Ein Schaufenster ist dekoriert mit schönen Frauenkleidern
in Blau und Weiß. Und alles ist ausgeschildert
in drei Sprachen: Hebräisch, Arabisch und Tod.

Ein großes königliches Tier liegt die ganze Nacht über
    im Sterben
unterm Jasmin mit starrem Blick auf die Welt.
Ein Mann, dessen Sohn im Krieg fiel,
kommt die Straße herauf wie eine Frau
mit einem toten Kind im Leib.
*Hinter all dem verbirgt sich großes Glück.*

## Die Knochen der Liebenden

(Aus: *Die Zeit, Nr. 5*)

Die Knochen der Liebenden schmerzen,
denn sie wälzten sich den ganzen Tag im Gras.

Dass sie nachts zusammen lagen, beide wach,
bringt der Welt Rettung, nicht ihnen.

Ein Freudenfeuer im Feld imitiert, blind vor Schmerz,
das Tagwerk der Sonne.

Die Kindheit ist weit weg.
der Krieg ist nah. Amen.

**Was ist das?**
*(Aus: Die Zeit, Nr. 22)*

Was ist das? Ein Flugzeug in der Dämmerung. Nein,
sie graben einen Kanal da oben. Nein,
das ist ein tiefer Spalt entlang dem Nachtigallengesang. Nein,
das ist eine heftige Sexorgie zwischen einem Bulldozer und
einer Bulldozerin. Nein,
das ist ein Pfauenschrei: Dieser herrliche Vogel schreit so
schrill.
Aber das ist ein ruhiger Lobgesang. Nein,
das sind die Tröstungen von Trauernden,
die summen wie eine Teekanne auf sterbender Flamme.
Doch das ist bestimmt eine Explosion!
Nein. Das ist eine Nachtigall mit ihrem schwermütigen
Flöten.
Das hört sich nach Nacht an.
Nein, das ist eine Lerche, die den Tagesanfang verkündet.
Das ist der Sonnenaufgang der Völker.
Nein, das ist mein Freund, der ruhige Kanonier, der pfeift
und füttert im Dämmern seine Kanonen.

Was ist das? Es ist ein Missverständnis von Liebe:
Keine Angst, mein Kind, der Hund mag dich,
er will nur mit dir spielen. Nur
ein Missverständnis von Liebe, wie unsere Tränen,
wenn wir aus dem alten Fenster über das Tal blicken.

## Der Abend liegt am Horizont

*(Aus: Die Zeit Nr. 41)*

Der Abend liegt am Horizont und spendet Blut.
Vogelschwärme steigen in den Himmel auf wie
schwarzer Dunst.

Liebe ist ein Reservoir für Güte und Nachsicht,
wie das Speichern von Nahrung für Belagerungszeiten.

Ein kleiner Junge sitzt allein in seinem Bett.
Sein Königreich ist das Königreich der Ewigkeit.

Die Menschen ziehen Zäune um die Häuser,
dass ihre Hoffnung nicht vergebens sei.

In einem weißen, abgeschlossenen Zimmer
entscheidet sich eine Frau, ihr Haar wieder länger
wachsen zu lassen.

Die Erde ist umgegraben für die Saat.
Eine geheime Militäranlage blüht im Finstern.

## Der Durchmesser der Bombe

*(Aus: Die Zeit, Nr. 20)*

Der Durchmesser der Bombe maß dreißig Zentimeter,
ihr Tötungsradius betrug etwa sieben Meter
mit vier Toten, elf Verletzten und
darum herum, in einem größeren Radius
aus Schmerz und Zeit, lagen zwei Kliniken und ein Friedhof.
    Aber
die junge Frau, die mehr als hundert Kilometer entfernt in
    ihrer Heimat begraben wurde,
vergrößert den Radius ganz erheblich, und der einsame
    Mann, der ihren Tot betrauert, an der fernen
Küste eines Landes weit jenseits des Ozeans, schließt die
    ganze Welt in diesen Radius ein.
Und ich werde noch nicht einmal die Schreie der Waisen
    erwähnen,
die hinaufstiegen vor den Thron Gottes und
darüber hinaus, in einem Radius
ohne Ende und ohne
Gott

## Seit damals

*(Aus: Große Ruhe: Fragen und Antworten)*

Ich fiel in der Schlacht bei Ashdod
im Unabhängigkeitskrieg.
Meine Mutter sagte damals, er ist vierundzwanzig,
nun sagt sie, er ist vierundfünfzig
und zündet eine Erinnerungskerze an,
wie eine Geburtstagskerze,
die man auf dem Kuchen ausbläst.

Seit damals starb mein Vater aus Sorge und Schmerz,
seit damals haben meine Schwestern geheiratet
und ihre Kinder nach mir benannt,
seit damals ist mein Haus mein Grab, und mein Grab mein
Haus,
denn ich fiel im bleichen Sand
von Ashdod.

Seit damals marschieren all die Zypressen und Zitrusbäume
zwischen Negbah und Jad Mordechai
in einer langsamen Trauerprozession,
seit damals sind all meine Kinder und all meine Väter
Hinterbliebene und Waisen,
seit damals marschieren all meine Kinder und all meine Väter
zusammen Hand in Hand
und protestieren gegen den Tod.
Denn ich fiel im Krieg
im weichen Sand von Ashdod.

Ich schleppte meinen Kameraden auf dem Rücken.
Seit damals spüre ich immer seinen toten Körper
wie einen schweren Himmel auf mir,
und seit damals fühlt er meinen gekrümmten Rücken unter sich,
wie ein gekrümmtes Stück Erdball.
Denn ich fiel im schrecklichen Sand von Ashdod, nicht nur er.

Aber seit damals belohne ich mich für meinen Tod
mit Geliebten und dunklen Festen,
seit damals bin ich von gesegnetem Erinnern,
seit damals möchte ich nicht, dass Gott mich rächt,
seit damals möchte ich nicht, dass meine Mutter um mich weint
mit ihrem schönen, genauen Gesicht,
seit damals kämpfe ich gegen den Schmerz,
seit damals marschiere ich gegen meine Erinnerungen,
wie ein Mann gegen den Wind,
seit damals beweine ich meine Erinnerungen,
wie ein Mann seinen Tod beweint,
seit damals lösche ich meine Erinnerungen,
wie ein Mann ein Feuer löscht,
seit damals bin ich stumm.
Denn ich fiel in Ashdod
im Unabhängigkeitskrieg.

»Die Gefühle schäumen über«, so sagte man damals, »Die Hoffnungen
wachsen«, so sagte man damals, aber jetzt nicht mehr.
»Die Künste blühen«, sagten die Geschichtsbücher,

»Die Wissenschaften gedeihen«, sagte man damals,
»Die Abendbrise kühlt ihnen die heiße Stirn«, sagte man
damals.
»Der Morgenwind zerzaust ihnen das Haar«,
so sagte man.
Aber seit damals machen die Winde andere Sachen,
und seit damals sagen die Worte andere Dinge
(Sieh mich nicht als Lebenden!),
denn ich fiel im weichen, blassen Sand
von Ashdod im Unabhängigkeitskrieg.

## Der wahre Held der Akkedah

*(Aus: Stunde der Gnade)*

Der wahre Held der Opferung war der Widder.
Er hatte keine Ahnung von der Abmachung der anderen.
Offenbar hatte er sich freiwillig gemeldet, um anstelle von
Isaak zu sterben.
Ich möchte ein Erinnerungslied auf ihn singen,
auf seine lockige Wolle, seine menschlichen Augen
und die Hörner, die so ruhig an seinem lebendigen Kopf
waren.
Als man ihn geschlachtet hatte, machten sie *Shofaroth* aus
ihnen,
um zu ihrem Krieg zu blasen
oder zu ihrem groben Vergnügen.

Ich möchte das letzte Bild im Gedächtnis behalten
wie eine schöne Fotografie aus einem vornehmen
Modemagazin:
das sonnengebräunte verwöhnte Jüngelchen, schick
bekleidet,
und neben ihm der Engel in langer Abendrobe,
für einen festlichen Empfang.
Beide betrachten mit leerem Blick zwei leere Plätze.

Und hinter ihnen, als farbiger Hintergrund, der Widder.
Er hält sich am Dickicht fest, bevor er geschlachtet wird,
das Dickicht war sein letzter Freund.

Der Engel ging nach Hause,
Isaak ging nach Hause,

Abraham und Gott waren schon lange gegangen.

Aber der wahre Held der Opferung
ist der Widder.

**Vom Menschen bist du und zum Menschen kehrst du wieder zurück**

*(Aus: Vom Menschen bist du und zum Menschen kehrst du wieder zurück)*

Der Tod im Krieg beginnt
mit dem Hinuntergehen einer Treppe
eines einzelnen Mannes,
eines jungen.

Der Tod im Krieg beginnt
mit leisem Türenschließen,
der Tod im Krieg beginnt
mit Fensteröffnen, um nachzusehen.

Daher weine nicht um den, der geht,
weine um den, der die Treppe seines Hauses herabkommt,
weine um den, der seinen Schlüssel
in seine letzte Tasche steckt.
Weine um das Foto, das sich anstelle von uns erinnert,
weine um das Papier, das sich erinnert,
weine um die Tränen, die sich nicht erinnern.

Wer wird in diesem Frühling
aufstehen und zum Staub sagen:
Vom Menschen bist du, zum Menschen kehrst du wieder zurück.

**Die Bibel und du, die Bibel und du, und andere Midrashim, Nr. 2 u. 18**

*(Aus: Offen – Verschlossen – Offen)*

2.

Wie hat Gideon seine Soldaten am Brunnen von Harod
ausgewählt?
Er sah sie aus dem Brunnen trinken,
niederknien, oder wie Hunde auf allen Vieren kriechend und,
traf seine Wahl.
Aber mein Gideon wählte nach anderen Kriterien: wie gehen
sie mit einer Frau um,
in welcher Stellung haben sie Sex? Wie weinen sie,
brüllend oder mit stummen Tränen?
Wie essen sie? Wie schlafen sie, auf dem Bauch wie Babys,
auf der Seite oder auf dem
Rücken? Wie erinnern sie sich an ihre Kindheit?
Und er nahm nicht die, die sich erinnern und nie vergessen,
und er nahm nicht die, die vergessen und sich nie erinnern.
Einer aber sagte, ich habe vom Brunnen der Sehnsucht ge-
trunken, und ein anderer sagte,
ich war an einem verzauberten Ort, wieder ein anderer sagte,
dort bin ich nie gewesen,
und noch ein anderer sagte, ich blieb in dem Traum mit dem
Klang des rollenden Gerstenbrotes
und ich rolle noch immer. Und mein Gideon blieb
ohne Armee, ohne Schlacht und ohne Ruhm am Brunnen
von Harod.
Und er kniete nieder und trank, er trank auf allen Vieren
und er trank und erinnerte sich und vergaß

18.

Zwei Liebende liegen zusammen, gebunden für die Akkedah,
und es tut ihnen gut. Sie denken nicht ans Schlachtmesser,
nicht ans Brandopfer.
Sie denkt an den Widder, er denkt an den Engel.
Andersherum: Er ist der Widder, sie das Gebüsch.
Er wird sterben, sie wird weiter gedeihen.
Andersherum: Sie stehen beide auf und mischen sich unter
die Gäste

*Gewöhnt an das Reisen, mache ich an jeder Türe halt,*
*drehe mich um und schaue, ob ich nicht etwas vergaß –*
*so verlängere ich mein Bleiben.*
*(Aus Die Zeit, Nr. 61)*

# Abschied, Ankunft, Aufbruch

**Jehuda Halevi**
*(Aus: Nun und an anderen Tagen)*

Das weiche Haar in seinem Nacken
sind die Wurzeln seiner Augen,

sein Lockenbart –
ist die Fortsetzung seiner Träume,

seine Stirn ist das Segel, seine Arme die Ruder,
seine Seele in seinem Körper nach Jerusalem zu bringen.

Aber in der weißen Faust seines Gehirns
hält er die dunklen Samen seiner glücklichen Kindheit.

Wenn er das geliebte, knochentrockene Land erreicht hat –
wird er säen.

## Lebe wohl
*(Aus: Gedichte 1948-1962)*

Leb' wohl, Gesicht von dir, Gesicht schon von Erinnerung.
Aufstiebt der Geist von Wanderung und fliegt und fliegt.
Gesicht von Tier, Gesicht von Wasser und von Aufbruch,
ein Wald aus Flüstern, Schoßgesicht, Gesicht von Kind.

Die Stunde gehört uns nicht länger, in der wir uns berührten,
die Wörter »jetzt« und »nun« gehören uns nicht mehr.
Du trugst den Namen aller Winde, du warst die Frau
von Wirken und Wollen, du warst der Spiegel, warst der
Herbst.

Was immer uns nicht klar war, das sangen wir zusammen.
Die Zeiten, das Dunkel, Gesicht von Wechsel und Wandel.
Nicht länger mein, nicht länger zu entziffern,
verschlossen, Brüste, Schnallen, Münder, Schraubverschlüsse.

So leb' denn wohl, für immer schlaflos,
denn alles kam durch unser Wort, profanes Wort.
Von nun an träumst du deinen eigenen Traum,
die Welt und alles.

Lebt wohl, ihr Bündel, Koffer voller Tod.
Ihr Schnüre, Federn, Durcheinander, Pfand aus Haaren.
Was niemals wird, kann keine Hand beschreiben,
was nie dem Körper angehörte, werden wir vergessen.

## **Instruktionen für ihre Reise**

*(Aus: Gedichte 1948-1962)*

Dreh deinen Kopf vom Fenster weg,
Drähte könnten sich in deinem Haar verfangen.
Störe den Fahrplan.
Verstehe, was ich tue. Unternimm
einen letzten Versuch. Raff deinen Rock hoch
und zeig deine Fahrkarte nicht bei Kontrollen.
Lasse niemanden wissen, wohin deine Reise geht.
Wirf eine brennende Zigarette durchs Fenster.
Entfache draußen ein Feuer, große Schwester
der Brände, in meinen Augen.
Lass die Türe offen.
Lass die Erde offen.
Wirf weg. Sei entspannt. Nimm heraus. Gib nicht zu
erkennen,
wer du bist. Steh nicht auf wegen Alten. Setz dich hin
bei deiner Rückkehr. Unterhalte dich.
Liebe mich.

## Die Wanderung meiner Eltern
*(Aus: Gedichte 1948-1962)*

Und meiner Eltern Wanderung hat sich noch nicht
beruhigt in mir.
Mein Blut schwappt noch immer an seinen Wänden,
wie das Wasser in der Schüssel nach dem Hinstellen.
Und meiner Eltern Wanderung hat sich noch nicht
beruhigt in mir.
Die Winde der Zeit blasen ständig über Felsen.
Die Erde vergaß die Schritte derer, die auf ihr gingen.
Ein schreckliches Schicksal. Gesprächsfetzen nach Mitter-
nacht.
Ein Fortschritt, ein Fehlschlag. Die Nacht erinnert und der
Tag vergisst.
Meine Augen, die lange Zeit in eine weite Wüste blickten,
haben sich ein bisschen beruhigt. Eine Frau. Die Regeln
eines Spiels,
die man mir nie genau erklärt hat. Die Gesetze von
Schmerz und Gewicht.
Bis heute lebt mein Herz noch kaum vom Brot seiner
täglichen Liebe.
Meine Eltern sind in ihrer Wanderung an der Kreuzung,
wo ich für immer ein Waise bin, zu jung zu sterben, zu alt
zu spielen.
Die Müdigkeit des Steinbrechers und die Leere des
Steinbruchs
in ein und demselben Körper. Zukunftsarchäologie und
Aufbewahrungsort

von dem, was nicht war. Und die Wanderung meiner Eltern
hat sich noch immer nicht beruhigt in mir. Von verbitterten
Völkern
habe ich verbitterte Sprachen für mein Schweigen gelernt
in den Häusern, die stets Schiffen ähnlich waren.
Meine Adern und meine Sehnen sind jetzt schon ein
Dickicht,
dessen Stränge ich nicht entwirren kann. Und dann mein
Tod,
und die Wanderung meiner Eltern hat ein Ende.

**Haydn, Opus 76, Nr. 5**
*(Aus: Nun im Aufruhr)*

Du bist nicht tot, ich bin nicht tot:
Wir hielten nicht, was wir einander versprachen
vor fünfundzwanzig Jahren. Der Mond
hatte noch ein gutes oder ein schlechtes Gesicht.
Könige durchquerten Königreiche, die heute nicht mehr
sind.
Viel Atem, lang und kurz.
Rauch, der keine Tränen brachte, denn er war hoch in
der Luft.
Zwei oder drei Kriege. Wörter,
die wir damals sprachen kamen hierher,
warteten vergebens und fransten aus.

Es scheint mir jetzt, als wäre die Musik, die wir damals
hörten,
die letzte ruhige Musik vor dem großen Schrecken
gewesen,
der seither nicht nachgelassen hat,
ein Vierteljahrhundert von Schrecken und Furcht, nicht
zusammen.

Was von jener Nacht geblieben ist,
dieser Nacht des kreisenden Wassers,
das sich drehte wie die Schallplatte auf dem
Grammophon?
Vielleicht ein Leben wie nach einer Trennung:
Gewärmt vom Ofen, vom Bett ein bisschen mehr.

## Herodion

*(Aus: Hinter all dem verbirgt sich großes Glück)*

Ich ziehe durch die Wüste
an einen berühmten antiken Ort und sitze dort
in der Wintersonne bei Trümmern von Türmen,
die des Königs Vergnügungen einst beschirmten.

Wie das Messer beim Schälen einer runden Frucht
merke ich, dass die Zeit im Kreis verläuft.

Die Lebenden und die Toten treffen sich in meinem Traum
wie die Emissäre zweier Feindnationen
in einem Drittland.
Mein Gesicht ist das Gesicht der Besiegten in den Farben
des Siegers.

Ich bin ganz ruhig: Was uns verlässt,
schließt sich nicht gleich den Felsen und der Wüste an.
Es gibt Dinge in der Mitte und Stationen,
wie Entfernung, Echo, Dunkelheit,
wie Hand und Gärten.

**Wir gingen zusammen, du und ich**
*(Aus Die Zeit: Nr. 67)*

Wir gingen zusammen, du und ich,
wie Abraham und sein Sohn Isaak.
Doch obwohl wir ein Mann und eine Frau waren,
und obwohl wir nicht zur Schlachtbank gingen,
war das Wissen der Dinge, die noch geschehen würden,
und die Unkenntnis des Hereinbrechenden
eng verschlungen, wie zwei Liebende.

Danach klafften die Kiefer der Koffer auseinander
und es stellte sich heraus, dass das,
was wir nur für eine kurze Trennung hielten,
für immer war.

Aber seither blieben Zeichen  zwischen uns
wie zwischen zwei nicht miteinander Vertrauten,
wenn sie sich für einen Ort verabreden wollen,
an dem sie noch nie waren.

**Der Aufbruch von dem Ort, an dem es keine Liebe für dich gab**
*(Aus: Die Zeit, Nr. 62)*

Der Aufbruch von dem Ort, an dem es keine Liebe für dich
gab,
umfasst den Schmerz von allem, was nicht geschah,
und die Sehnsucht nach dem,
was dort geschehen wird nach dir.

In der letzten Nacht sah ich
am Boden des Balkons von gegenüber
einen kleinen, scharfen Lichtfleck,
ein Hinweis auf große Gefühle,
die keine Grenzen kennen.

Als ich langsam am aschgrauen Morgen
zum Bahnhof ging, kamen viele Leute
an mir vorbei, die Listen trugen
mit wunderbar exotischen Namen, die ich nie kennen
würde,
Briefträger, Stromableser, städtische Beamte
und andere, vielleicht Engel.

## Zugfahrt

*(Aus: Vom Menschen bist du und zum Menschen kehrst du wieder zurück)*

Menschen reisen den ganzen Tag,
um an einem anderen Ort zu schlafen. Wer wird
ihre Entfernungen messen und ihre Stimmen transportieren
und, gesetzt den Fall, wohin?

Nur beim Reisen öffnen sich die Menschen,
wie Fahnen, die sich auch nur im Wind entfalten,
um zu zeigen, was sie sind,
Sterne und Sonne, Streifen und Kreise,
Trauer und Freude im Glanz ihrer Bestimmung
und allen Farben der Erinnerung.

Ich sitze im fahrenden Zug,
meine Augen verlieben sich rasch
in alles, was sie unterwegs sehen:
einen vorbeifahrenden, in der Erde feststeckenden Pflug,
hochragende Behälter, in denen Wasser, Benzin und andere
Flüssigkeiten
vorübergehend bis zu ihrem Verbrauch gespeichert sind,
Zweige von Bäumen, die sich heben und senken.
Auch das ist eine Lehre, eine große Lehre steckt in allem,
und der Takt der Bilder schlägt zu, brutal wie ein Metzger.

Meine Innenwelt ist gewiss und schon gewogen,
und mein Privatleben wird keine Kratzer,

keine Spuren hinterlassen auf all dem,
was da am Zugfenster vorbeirauscht.

Jetzt schlage ich die Zeitung auf,
Weltereignisse fahren mit mir,
die Fahrt macht sie leichter,
ich sehe das Bild eines kleinen Mädchens,
das vor zwei oder drei Monaten verloren ging.
Auf dem Foto lacht es, in der Welt ist es verloren.

Denke ich an die Kinder meiner Kinder, die erst noch
geboren werden?
Wie weit reichen meine Arme in ihre Zukunft
und wie weit reicht meine Stimme, sie zu rufen,
dass sie vom Spielen nach Hause kommen?

Wie groß ist das Schutzgebiet für den Schoß,
die Dauer der Körperwärme,
das Aumaß der Gefühle, der private Hoffnungsbereich?
Wie groß sind die Räume der Liebe,
die Schutzgebiete der Trauer,
die territorialen Gewässer der Angst?
Und wo beginnt der unsichtbare Horizont der kommenden
Generationen,
wo die Grenze zur Ewigkeit der Urenkel meiner Urenkel?

Jetzt fiel mir die Zeitung aus der Hand.
Wir kamen an einem wunderbaren, weißen Haus
mit einem großen Garten vorbei,
langsam genug, um das Glück der riesigen Bäume zu sehen
und schnell genug, um nicht zu sehen,
dass da kein Glück war.

Dann, spät am Abend, bei dünnem Regen,
fuhren wir ohne Halt
durch einen halb in Trümmern liegenden Bahnhof,
auf der aschgrauen Wand
sahen wir in großen weißen Lettern geschrieben:
LASST MICH STERBEN!
LET ME DIE!

**Sie ist frei**

*(Aus: Auch eine Faust war einmal eine offene Hand mit Fingern)*

Frei ist sie, frei. Sie ist frei von Körper,
frei von Seele und frei vom Blut, das die Seele ist,
sie ist frei von Sehnsucht, frei von unerwarteter Furcht
und Furcht vor mir, sie ist frei von Ehre und Scham,
sie ist frei von Hoffnung, frei von Verzweiflung, Feuer
und Wasser,
sie ist frei von der Farbe ihrer Augen, frei von der Farbe
ihrer Haare,
sie ist frei von Möbeln, frei von Löffel, Messer und Gabel,
sie ist frei vom himmlischen und frei vom irdischen
Jerusalem,
sie ist frei von Person und Personalausweis,
sie ist frei von runden und quadratischen Stempeln,
sie ist frei von Fotos und frei von Büroklammern,
frei ist sie, frei.

Auch all die Buchstaben und all die Zahlen,
die ihr Leben ordneten, sind frei,
frei für neue Kombinationen, für neue Bestimmungen, für
neue Spiele
all der Generationen, die nach ihr kommen.

**Die Bibel und du, die Bibel und du, und andere Midrashim, Nr. 29**

*(Aus: Offen – Verschlossen – Offen)*

Ich kann mir nicht vorstellen, dass in der Nacht des Auszugs
aus Ägypten,
zwischen Mitternacht und Dämmerung, auch nur ein
einziges Paar in Liebe
zusammen lag. (Wir hätten es gekonnt). In der Hast,
Blut von Tür und Tor tropfend,
Silber- und Goldgeschirr scheppernd im Dunkeln zwischen
den erstickten Schreien
der Erstgeborenen und den kreischenden Schößen der
Mütter, die sich wie Weinschläuche leerten.
Und über ihnen stehend mit gespreizten Beinen,
der Todesengel, im Schritt auseinanderklaffend Mann und
Frau
wie eine blutige Sonne im Dickicht von zischelndem,
dunklem Tod.
Beschuhte Füße gegen den weichen Teig der Matzen stoßend
und gegen das Fleisch von Hüften und Bäuchen, harte Gurte
eng um die Taille geschürzt, Schnallen, die Haut verkratzend,
in einander verheddert.
Auf diese Art sich in Bewegung setzend, eingesperrt in
ewiger Liebe,
mit all dem Gesindel aus dem Haus der Sklaverei
hinein ins Gelobte Land.

## Jüdische Wanderung: Änderung ist Gott, und der Tod ist sein Prophet, Nr. 2

(*Aus: Offen – Verschlossen – Offen*)

Jehuda Halevi dichtete: »*Im Osten ist mein Herz und ich wohne weit im Westen.*«
Dies ist die jüdische Wanderung, dies ist das Spiel der jüdischen Herzen zwischen Ost und West,
zwischen dem Ich und dem Herzen, hin und her, hin ohne her, her ohne hin,
herumwandernd ohne Sünde, endlose Reise, wie auch die Reise des Juden Freud
zwischen Körper und Seele und von Seele zu Seele, um zwischen beiden zu sterben.
Oh, was für eine Welt ist das, wo das Herz dort ist und der Körper da
(beinah wie ein Herz, aus einem Körper herausgerissen und in einen anderen transplantiert).
Ich denke an Leute, die nach einem Ort heißen, an dem sie nie waren und nie
sein werden. Ich denke an einen Maler, der das Gesicht einer Person von einem Foto kopiert,
weil die Person nicht mehr lebt. Ich denke an die jüdische Wanderschaft,
die nicht wie bei den Zugvögeln wegen Sommer und Winter erfolgt, nicht wegen Leben und Tod,
sondern wegen der Sehnsucht der Seele. Deshalb
sterben sie so, deshalb wird ihr Gott von ihnen „Ort“ genannt.

Und nun, da sie wieder an ihren Ort zurückgekehrt sind,
        hat Gott begonnen,
an andere Orte zu wandern und er heißt nicht mehr
        »Ort«, sondern »Orte«, »Herr der Orte«.
Selbst die Auferstehung der Toten ist nun eine lange Reise.
Was wird bleiben? Die Koffer auf dem Schrank.
Das ist übrig geblieben.

*Und da ist ein Ort, wohin du nie mehr zurück kannst.*
*(Aus: Traurige Augen und eine Reisebeschreibung)*

# Orte

## Der Ort, an dem wir im Recht sind

*(Aus: Gedichte 1948-1962)*

An dem Ort, an dem wir im Recht sind
blühen keine Blumen
im Frühling.

Der Ort, an dem wir im Recht sind,
ist festgetrampelt
wie ein Kasernenhof.

Aber Zweifel und Liebe
durchlöchern die Welt
wie der Maulwurf, wie der Pflug.
Und ein Flüstern wird zu hören sein, dort,
wo das Haus einst stand,
das jetzt in Trümmern liegt.

## Eine Straße

*(Aus: Gedichte 1948-1962)*

Das Licht vorbeifahrender Autos
sortiert meine Gedanken in schwarze und weiße.

Ich, der ich die Straße
nur an erlaubten Stellen überquere,
werde plötzlich
zu Rosen gerufen.

Und wie ein dunkler Zweig, der dort hell ist,
wo man ihn bricht,
werde auch ich ganz hell
in meiner Liebe.

## Der Ort, an dem ich nicht war

*(Aus: Gedichte 1948-1962)*

An dem Ort, an dem ich nicht war,
werde ich nie sein.
Der Ort, an dem ich war, ist, als sei ich dort
nie gewesen. Manche Menschen bewegen sich
weit weg von dort, wo sie geboren sind,
weit weg von den Worten,
die aus ihrem Mund kamen,
weit weg von den Versprechen,
die sie gaben.

Sie essen im Stehen und sie sterben im Sitzen
und beim Hinlegen erinnern sie sich

Was ich nicht wieder sehe,
muss ich für immer lieben.
Nur ein Fremder kehrt an meinen Ort zurück.
Aber ich werde alles noch einmal aufschreiben, wie Moses,
nachdem er die ersten Tafeln zerbrochen hatte.

## Wäsche

*(Aus: Gedichte 1948-1962)*

Dort, wo man Wäsche zum Trocknen aufhängt,
sterben keine Menschen
und sind nicht im Krieg,
sie bleiben zumindest
zwei oder drei Tage.
Sie ändern sich nicht
und schwanken nicht hin und her.
Sie sind nicht wie trockenes Gras.

**Letzte Nacht auf dem Boulevard**
*(Aus: Gedichte 1948-1962)*

Zu meiner Rechten
eine fremde Sprache.
Zu meiner Linken ein Windstoß
durch leere Stühle.
Vor mir ein vergessener Schal auf dem Tisch,
hinter mir ein fragender Mann
und über meinem Haupt
die göttliche Gegenwart.

**Dieser Ort**

*(Aus: Nun im Aufruhr)*

Dieser Ort wird uns nicht trösten.
Der Ort wird uns nicht trösten,
dieser Ort.
Auf dem Grund großen Durstes
ruhen die Häuser der Stadt. Tiefe Risse durchziehen die
Erde
davon, dass ich deinen Namen schrie,
bis mir die Augen schmerzten.

Wer sich selbst ändert, ändert auch seinen Ort,
selbst wenn er dort bleibt. Dieser Ort
wird uns nicht trösten.
Die hellen Flecken in der dunklen, restaurierten Vase aus
der Antike:
Was ist neu an mir, was stammt von meinen Ahnen?
Denn wir sind von gestern, denn wir sind von anderen.
Schatten gleiten über unsere Gesichter, Schatten
gehen durch uns durch. Auch diese Nacht ist nichts
als der Schatten einer anderen Welt.

## Und leise, wie ein Arzt und eine Mutter

*(Aus: Die Reisen des letzten Benjamin von Tudela, Nun im Aufruhr)*

Und leise, wie ein Arzt und eine Mutter, beugten sich die
Tage über mich
und fingen an sich zuzuflüstern, während das Gras am
Berghang,
wo meine Füße nie mehr gehen würden,
schon platt gedrückt war durch den bitteren Wind.
Mond und Sterne, alte Heldentaten von Erwachsenen
waren ganz oben im Fach verstaut, so dass mein Arm nicht
hinkam,
und ich vergebens vor dem verbotenen Bücherregal stand.
Aber schon damals war ich für Vernichtung gezeichnet, wie
die Orange
zum Schälen, wie Schokolade, wie eine Handgranate für
Explosion und Tod.
Die Hand der Vorsehung hielt mich fest. Mein Himmel war
das Innere der weichen Hand , die mich umfasste, draußen
waren:
raue Haut und feste Sterne, geschwollene Adern,
Flugrouten, schwarzes Haar, die Bahnen von
Mörsergranaten,
geräuschlos oder heulend, in dumpfem Dunkel oder
strahlend hell.
Und bevor ich wirklich war und hier verblieb,
trugen die Schultern meines Herzens Angst, nicht um
mich,
und fremde Ideen kamen heran, wurden langsamer
mit einem gurgelnden Geräusch, wie bei einem Zug,
der in einen hohlen, horchenden Bahnhof einfährt.

## Gedicht in einem Orangenhain
*(Aus: Nun im Aufruhr)*

Ich bin gottverlassen. »*Du bist*
*von Gott verlassen*«, sagte mein Vater.
Gott vergaß mich – später vergaß auch er mich.

Der Geruch von blühenden Orangenhainen
blieb eine Zeit lang bei mir. Du. Die Hände klebrig
von Saft und Lust. Du schriest laut auf
und warfst deine zwei Schenkel als letzte ins Gefecht.
Danach Stille. Du, deren hübscher Kopf Geschichte lernte,
wusstest, dass nur das Vergangene still ist.
Selbst Kämpfe, selbst der Geruch von Orangenhainen.
Frucht und Blüte waren am selben Baum über uns,
in jener zweifachen Zeit, im Frühling.

Selbst damals sprachen wir mit diesem fremden,
seltsamen Akzent von jenen, die sterben oder
        auseinandergehen.

**Ich habe Tote**

*(Aus: Hinter all dem verbirgt sich großes Glück)*

Ich habe Tote, die in der Luft begraben sind,
ich habe eine trauernde Mutter und bin doch noch am Leben.

Ich bin wie ein Ort,
der Krieg führt mit der Zeit.

Einst war die grüne Farbe sehr glücklich
neben deinem Gesicht im Fenster.

Nur in meinen Träumen liebe ich noch stark.

## Traurige Augen und eine Reisebeschreibung

*(Aus: Amen)*

Da ist eine dunkle Erinnerung, über die das Lärmen
spielender Kinder ausgestreut ist wie Puderzucker.

Da sind Dinge, die dich nie wieder
schützen werden und Türen, stärker als Gräber.

Da ist eine Melodie, wie die in Ma'adi bei Kairo,
mit dem Versprechen von Dingen,
das die Stille von jetzt zu halten versucht.
Vergeblich.

Und da ist ein Ort, wohin du nie mehr zurück kannst.
Ein Baum verbirgt ihn am Tag,
eine Lampe leuchtet ihn an in der Nacht.
Weiter kann ich nichts sagen
und ich weiß weiter nichts.

Vergessen und Blühen, Blühen und Vergessen, das ist alles.
Der Rest sind traurige Augen und eine Reisebeschreibung.

**Wenn einer lange Zeit weg war von der Heimat**
*(Aus Die Zeit, Nr. 63)*

Wenn einer lange Zeit weg war von der Heimat,
wird seine Sprache immer genauer und weniger unrein,
wie scharfe Wolken, die sich im Sommer vom blauen
        Horizont
abheben und niemals regnen.

So werden jene, die sich einmal liebten, manchmal
noch die Sprache der Liebenden sprechen, steril und
rein von allem, unverändert
und ohne Antwort.

Aber ich, der ich dageblieben bin, mache mir
Mund, Lippen und Zunge schmutzig. In meinen Worten
gibt es Seelenmüll und Lustunrat und Staub und Schweiß.
Sogar das Wasser, das ich trinke,
zwischen Liebesgestöhne und Liebeserinnern,
hier, in diesem ausgedörrten Land,
hat man für mich aus Urin wiederaufbereitet
über labyrinthische Röhren.

## Schreckliche Sehnsucht

*(Aus: Die Zeit, Nr. 48)*

Schreckliche Sehnsucht befiel mich,
wie die Menschen auf einer alten Fotografie,
die zurück wollen zu denen,
die sie im warmen Licht einer Lampe betrachten.

In diesem Haus hier denke ich, wie Liebe zu
Freundschaft wird,
in der Chemie unseres Lebens,
wie die Freundschaft uns ruhig werden lässt
für den Tod,
wie unsere Schicksale einzelne Fäden sind
ohne Hoffnung, je in ein anderes Gewebe verwoben zu
werden.

Aus der Wüste dringen undeutlich Stimmen,
Staub prophezeit Staub. Ein Flugzeug
surrt über uns den Reißverschluss fest
von einem großen Sack voller Schicksal.

Und die Erinnerung an ein liebes Gesicht
zieht im Tal vorbei wie der Nachtbus
mit vielen hellen Fenstern und vielen Gesichtern

**Ende der Grabungssaison in Ein-Gedi**
*(Aus: Nun im Aufruhr)*

Die Archäologen gingen nach Hause
und sammelten ihre schwarzen und weißen Stöcke ein.
Alles war vermessen.
Sie ließen ihre Schnüre zurück
wie ausgeschiedene Spinnweben.

Die römische Ausgrabung
lag klaffend auf dem Rücken,
liegengelassen wie eine geschändete Frau
im Feld,
alles offen und sichtbar,
obwohl sie nicht schrie.

**Bei einer archäologischen Ausgrabung**
*(Aus: Die Zeit, Nr. 53)*

Bei einer archäologischen Ausgrabung sah ich Scherben von wertvollen
Gefäßen, sie waren gründlich gewaschen, gebürstet und gepflegt.
Daneben sah ich einen hingeschütteten Haufen Staub,
auf dem nicht einmal Dornen und Disteln wachsen würden.

Ich fragte: Was ist das für Staub, den man gesiebt, gerüttelt, gequält
und hier hingeschüttet hat?
Ich sagte mir: Dieser Staub das waren Menschen wie wir,
sie waren in ihrem Leben getrennt von Kupfer, Gold und Marmor,
so auch in ihrem Tod.
Dieser Staub da, das sind wir, unsere Körper, unsere Seelen,
all die Worte in unserem Mund, all die Hoffnungen.

## Im Hotel

(*Aus: Stunde der Gnade*)

Der Abend war noch nicht zu Ende. Vor dem großen
Fenster
brannten Lampen, markierten die Grenze
zwischen Tag und Nacht. In der Lobby
standen Zwergzitronen in Töpfen
(In meinem Land sind sie groß und tragen Früchte).

Der Aufzug nahm dich mir weg,
diese göttliche Kammer hielt dich
beleuchtet, erleuchtet,
doch statt deiner kamen die Eingeweide des Aufzugs
herunter zu mir, schwere Gewichte und Ketten,
schwarzes, tropfendes Öl und klebriges Pech.

## Alles wird einmal ohne mich erklärt

*(Aus: Vom Menschen bist du und zum Menschen kehrst du wieder zurück)*

Ein altes Paar sitzt auf der Bank an einer Haltestelle.
Sie wollen nicht verreisen. Sie wollen nur ausruhen
und lassen die Busse vorbeifahren.

Ihr Haar ist weiß und weich wie Schaum,
der noch geblieben ist. Was ihnen einmal gehörte,
ist schon lange gebrochen wie die Wellen am Strand.

Sie haben mich einmal sehr geliebt,
später hassten sie mich.
Ein paar Fotos mit mir von früher
sind noch in ihrem Haus,
wie Früchte einer früheren Ernte,
die schwarz wurden an den aufgegebenen Bäumen
    am Abhang.

Die Wege, die ich bisher ging
und die Wege, die ich erst noch gehe,
haben einen Schnittpunkt
vor meinem Glauben und nach meinem Tod:
Alles wird einmal ohne mich erklärt.

## Nachtspaziergang im Tal der Geister, Nr. 1

*(Aus: Offen – Verschlossen – Offen)*

Nachtspaziergang in den Straßen des Geistertals, deutsche
Kolonie,
große Müdigkeit wurde zu einer feierlichen Prozession, fast
einem Ritual.
Die Melodie, die aus dem fremden Haus zu mir dringt, ist in
mir,
doch die Worte sind nicht an mich gerichtet, sie sind
der Wind, der mich wie ein Segelboot vorwärtsbringt.
Hier, in diesem Haus wohnte einst ein guter Freund.
Jetzt ist er nicht mehr mein Freund, wir haben uns
voneinander getrennt und erkennen uns nicht mehr,
wie eine Landschaft, die zur Landkarte wurde.
Aber das Haus steht noch immer an seinem Platz, und die
Tür ist noch dieselbe Tür, einst offen für mich, doch jetzt
verschlossen.
So entsteht allmählich eine neue Religion,
und in Jerusalem registrieren sie das sofort und bringen sie
zum Schweigen, wie ein Kind,
das unter Erwachsenen unschuldig Dinge vor sich hinsagt

## Meiner Eltern Bleibe, Nr. 1

*(Aus: Offen – Verschlossen – Offen)*

Ich kam an dem Friedhof vorbei, wo meine Eltern liegen –
In einem Gedicht spricht Ibn Ezra von »*meiner Eltern Bleibe*«.
Ich ging nicht hinein, ging nur vorbei auf der Straße, die Mauer entlang.
Ich winke ihnen im Vorübergehen, meine Seele hat die Form einer Hand.
Meine Seele wechselt ihre Gestalt: manchmal ist sie mein Haar im Wind,
manchmal die schmerzenden Füße beim Laufen
oder meine fröhlichen Füße, wenn sie hüpfen, manchmal meine Augen, meine Lider,
manchmal sind sogar meine Wimpern meine Seele.
Friede meinen Eltern, Friede ihrem Staub,
Friede ihrer Bleibe in Jerusalem.

## Was immer war, Nr. 1, 2 u. 8-12

*(Aus: Offen – Verschlossen – Offen)*

1.

Rachel, die Poetin, dichtete »*Vielleicht ist das alles nie gewesen*«.
Ich aber will das, was immer war, was bestimmt war, bedichten.
Denn, was immer war, wird immer sein, wie die Sonne.
Das Wort »*vielleicht*«, aber, ist der Mond, der alles weich macht in seinem sanften Licht.
Ich will bestickte russische Hemden in Liebes- und in Todesfarben bedichten,
bestickte russische Hemden, zugeknöpft oder mit leicht geöffnetem Kragen,
um besser Luft zu holen, um zu singen oder zu hoffen, russische Hemden wie
große Schmetterlinge, wie Engel. Ich will Menschen bedichten, die die Stimme Jakobs hatten
und die Hände Esaus, die die Augenfarbe Jakobs hatten und Esaus Geruch nach Feld.
Ich kenne einige Menschen aus dem Tal Jezreel gut, die aus dem Westen, und die
von den Ausläufern des Karmel. Mein Cousin von einer Moshave-Kooperative
war dort kommandierender Offizier. Mein Cousin Asher, der mit der Pistole in der Hand
den größten Feind der Welt getötet hat: den feigen Krebs, der sich in seinem Körper versteckte
und der mit ihm starb.

2.
In meiner Jugend habe ich ihm manchmal bei der Feldarbeit
geholfen.
Wir machten schwere Strohrollen und banden sie mit Eisen-
drähten fest zusammen,
so sorgfältig, wie man alte Briefe verschnürt.
Ein Esel ging im Kreis und drehte sich, wie sich der Geist im
Buch Kohelet
im Kreis dreht. Aber jeder Tag war neu unter der Sonne.
Heute bewerkstelligen das alles Maschinen, und die Stroh-
ballen sind rund,
damit sie in die Zukunft rollen können. Auf der Anhöhe von
Scheich Abrek
steht eine Reiterstatue. Ich kannte den Mann Alexander
Zaid, als er noch lebte,
aber ich kannte die Toten nicht. Die in Beth Schearim
Begrabenen gingen über die Anhöhe.
Töne, Melodien und Liebe drangen aus dem kleinen dichten
Fenster ins Jezreeltal.
Erste Liebe, junge Traurigkeit, viel Wohlwollen und Freude
war in uns. In der Nacht
waren wir wie in Josefs Traum, und die ganze Unsterblich-
keit erwachte und reihte sich
im Kreis, nicht um einen Thron, sondern um die Liebe.

8.
Zwischen Gath und Galon, in der Abenddämmerung eines
Tages aus Hitze und Staub,
geht eine junge Frau dort, wo wir uns damals
sammelten für die Schlacht
auf diesem schrecklichen Erdwall. Zwischen Gath und
Galon,

zwischen Erntefeiertag und Erntefest in einem Erntefeld.
Auch Heu und Stroh waren ein Halleluja-Geschenk Gottes.
Freude kennt keine Worte, Freude singt mit ihrem Mund
und ihr Leib ist aus allen sieben Sorten gemacht, aus Weizen und Gerste,
aus Trauben und Feigen, Granatäpfeln, Olivenöl und Palmhonig, aus allen sieben Sorten.
Ihre Shorts sind kurz, ihre Beine sind lang, und ihr Gesicht sieht aus
wie unsere Hoffnung, und ihre Augen haben die Farben des Schicksals,
und die Farbe der untergehenden Sonne ist wie die Farbe ihrer neuen Liebe.
(Wann hat sie das letzte Mal geweint?) Die Art, wie sie sich zwischen damals und jetzt bewegt,
zwischen es-war-gut und es-wird-vielleicht-sein, zwischen Zweifel und Gewissheit,
versetzt ihre Hüften und Gelenke in Schwung wie beim Tanz.
(Wann wird sie das nächste Mal weinen?) Friede dem Zweifel,
der unser Leben voranbringt, Friede den Worten, die nicht wieder in den Mund zurückkehren,
Wörter wie schlaflose Zugvögel, die kein Europa haben und kein Afrika,
die nur das Hier und das Jetzt haben mit der jungen Frau zwischen Gath und Galon.
Hier und jetzt, und an anderen Tagen.

9.
Ich suchte nach dem Grab eines Mannes namens Menachem,
aber er starb
an einem anderen Ort und wurde wiederum an einem anderen Ort begraben
als an dem, der so heißt wie sein Geburtsort.
Vor vielen Jahren saßen wir beide in einem armseligen,
gefährlichen Loch
und packten Dynamit, sein Geruch nahm uns fast den Atem,
es war der Mandelgeruch von Frühling und Sommer, der
zum Geruch des Todes wurde.
Ich suchte nach seinem Grab im Kibbuz zwischen den
Flüssen Galiläas,
ich überquerte wieder die provisorische Brücke, die metallisch klapperte,
wenn ein Fahrzeug darüber fuhr. Jetzt war es eine dauerhafte
Brücke,
die still war wie ein Toter und keine Geräusche von sich gab,
nur ich, der ich lebte, blieb
provisorisch und gab Geräusche vorbeiziehenden Lebens ab.
Der Name des Mannes aber
war Menachem und mit seinem Namen kam er mit Tröstung
dem Tod zuvor.

10.
Ich frage mich, mit welcher Geschwindigkeit die Wucht
vergangener Dinge
zu mir dringt: mit der Geschwindigkeit, die Schnee vom
Hermon bis ins tote Meer braucht,
oder mit der Geschwindigkeit von zäher, träge fließender
Lava aus einem brodelnden Vulkan

oder mit der Tropfgeschwindigkeit von Stalaktiten in einer
Tropfsteinhöhle?
Ich weiß es nicht. Auf meinem Schreibtisch liegt ein Steinfragment
auf dem steht »Amen«, ein Stein von einem jüdischen Grab
von vor tausend Jahren.
Jetzt liegt er auf dem Schreibtisch als Papierbeschwerer,
damit es nicht wegfliegt,
ein dekoratives Stück, ein Spielzeug von Schicksal und
Geschichte.
Auf meinem Schreibtisch liegt auch der Splitter einer Handgranate,
die mich nicht traf, ein Splitter frei wie ein Schmetterling.

11.
Fließende Gewässer wollen uns immer etwas lehren.
Doch damals wussten wir nicht, was sie lehrten, aber wir
lernten
Am Wasser Dickicht und wilde Vögel .
Jetzt haben wir neue und genaue Namen für sie,
aber sie blühen und fliegen weiter wie bisher und werden
»schöner Vogel«, »wohlriechender Strauch« genannt.
Doch Entscheidungen, getroffene oder nicht getroffene, sind
fließende Gewässer,
Gewässer, die aus dem, was immer war, in das, was immer
sein wird, strömen.

12.
Neunzehnhunderachtundvierzig.
Aber jetzt ist alles anders.

*Die Welt ist voller Erinnerung und voller Vergessen,*
*wie Meer und Festland. Manchmal ist Erinnern*
*der feste Grund, auf dem wir stehen,*
*manchmal ist Erinnern das Meer,*
*das alles verschlingt wie die Flut,*
*und Vergessen ist festes Land, wie der Ararat.*
*(Aus: In meinem Leben, über mein Leben)*

# Erinnern, Vergessen, Erinnern

**Das Gesicht des Wassers**
*(Aus: Gedichte 1948-1962)*

Das Gesicht des Wassers erinnerte mich
an dein Gesicht aus jenen Tagen,
an denen wir wussten, was vor sich ging.

Neulich sah ich dich
dein Schicksal empfangen wie Blumen:
mit einem Lächeln und einem Knicks.
Und dann – Vorhang.

Jetzt noch schwirrt und bebt mir das Blut
wie eine Fensterglas beim Vorbeifahren eines Lastwagens.
Meine Gedanken umschlingen mich,
wie den Gepäckträger das Seil.
Mögen sie mir ein bisschen helfen,
den Rest meines Lebens zu tragen.

## Eines Abends versuchte ich, mich zu erinnern

*(Aus: Der letzte Benjamin von Tudela, Nun im Aufruhr)*

Eines Abends versuchte ich, mich zu erinnern
an den Namen von dem, der neben mir fiel,
am bleichen Strand von Ashdod. Ein Nichtjude,
vielleicht ein verirrter Seemann, der sich das jüdische Volk
als Meer vorstellte und jene tödlichen Dünen als Wellen.
Sein Tattoo verriet mir nicht seinen Namen,
es zeigte eine Blume, einen Drachen und dicke Frauen.
Ich hätte ihn »Blume« rufen können oder »Dicke Frau«.
Im ersten Morgenlicht beim Rückzug starb er.
»*Starb in seinen Armen*«, wie in Goethes Gedicht.
Den ganzen Abend, an Fenstern und an Schreibtischen,
war ich in den Versuch versunken, mich zu erinnern,
wie in den Versuch einer Prophezeiung. Ich wusste,
würde ich mich nicht an seinen Namen erinnern,
vergäße ich auch meinen, er würde vertrocknen.
»*Das Gras steht wieder auf*«, auch von Goethe. Doch das Gras
stand nicht wieder auf, es blieb zertrampelt,
es blieb am Leben und lag sich flüsternd in den eigenen
Ohren.
Es wird nicht mehr aufstehen, doch wird es auch nicht
sterben
und den plötzlichen Tod nicht fürchten unter grob-
genagelten Sohlen.

## Lied der Hitze, Nr. 6

*(Aus: Und nicht zum Erinnern)*

Und all die Schläfer wurden verschlungen
vom Schlund der Todesschlange.

Mondlicht und Geruch von Feld,
Schlachten und Seufzer.

Die kleine tote Ruth
steigt aus ihrem Bett
mit Glassplittern bedeckt,
halb ihr Traum, halb meiner,
geht sie durch die Reihen der Feinde.
In ihr kocht ihr Herz auf einer kleinen
Schabbatflamme.
Sie geht durch hohe Gewölbe
aus Allegorie und Himmelsgestirn.

Die Landschaft beruhigt sich wie ein Baby
durch Schluchzen.
Ich sprach ein Gebet des Vergessens.

## Frühmorgens lehnst du dich an die Wand des alten Hauses

*(Aus: Die Zeit, Nr. 59)*

Frühmorgens lehnst du dich an die Wand des alten
Hauses,
ein starker Halt. Dann besteigst du lässig
mit den anderen den Bus.

In heiligen Schuhen, wie diesen, gehst du
Tag für Tag zur Arbeit ins Büro,
in einem Liebeskleid, wie diesem, zu öffnen und zu
schließen.

Was ist dein Schutz? Die hauchdünnen Nylons
zum Nabel hoch.

Was hält das alte Haus zusammen?
Erinnerung hält es zusammen. Bis du zurückkommst,
um dich am nächsten Morgen wieder anzulehnen.

## Einen Menschen vergessen

*(Aus: Große Ruhe: Fragen und Antworten)*

Einen Menschen vergessen ist,
als vergesse man, das Licht im Hof auszuschalten,
so dass es auch tagsüber brennt:
Aber, das heißt auch,
sich durch das Licht zu erinnern.

## Am Strand von Ashkelon

*(Aus: Auch eine Faust war einmal eine offene Hand und Finger)*

Hier am Strand von Aschkelon haben wir das Ende der
Erinnerung erreicht
wie Flüsse das Meer.
Das eben erst Vergangene versinkt in das fern Vergangene,
und das Entfernte steigt aus der Tiefe hoch über dem Nahen.
Friede dem Nahen, Friede dem Fernen.

Hier zwischen den Trümmern der Skulpturen und Säulen
frage ich, wie brachte Samson den Tempel zum Einsturz,
in dem er geblendet stand und sagte: »Lasst mich mit den
Philistern sterben«?

Umarmte er die Säulen wie seine letzte Liebe
oder stieß er sie mit den Armen von sich,
um so beim Sterben allein zu sein?

**Kleine Ruth**

*(Aus: Auch die Faust war einmal eine offene Hand und Finger)*

Manchmal überfällt mich die Erinnerung an dich, kleine
Ruth.
Wir trennten uns in der fernen Kindheit, sie verbrannten
dich in einem der Lager.
Würdest du noch leben, wärst du jetzt eine Frau von fün-
fundsechzig Jahren.
Eine Frau an der Schwelle zum Alter. Mit zwanzig wurdest
du verbrannt,
und ich weiß nicht, was dir zustieß in deinem kurzen Leben,
seit wir uns trennten.
Ich weiß nicht, was du erreicht hast, welche Abzeichen deine
Schultern dekorierten, deine
Ärmel, deine furchtlose Seele, welche strahlenden Sterne an
dir prangten, welche
Tapferkeitsorden, welche Liebes-Medaillen um deinen Hals
hingen,
wie es dir ging. – Friede sei mit dir.
Und was geschah mit deinen ungenutzten Lebensjahren?
Sind sie noch verpackt in schönen Päckchen?
Wären sie hinzugekommen zu meinem Leben? Hättest du
mich
zu deiner Liebesbank gemacht, zu einer Schweizer Bank,
wo man den Schatz noch nach dem Tod des Besitzers
verwahrt?
Soll ich das alles meinen Kindern überlassen, die du nie
gesehen hast?

Du gabst mir dein Leben, wie eine, die betörenden Wein
verkauft,
selbst aber nüchtern bleibt, totnüchtern wie du, und warst
die Klarheit am Abgrund für mich,
der das Leben trinkt, der in seinem Vergessen schwelgt.
Manchmal erinnere ich mich an dich in unerwarteten Augen-
blicken
und an Plätzen, die nicht fürs Gedenken geplant sind,
sondern fürs flüchtige Verweilen,
wie Flughäfen, wo die Gelandeten müde an den Gepäck-
terminals stehen
und, sobald sie ihre Koffer erspähen, freudig jubilieren
wie bei der Auferstehung der Toten, und dann hinausgehen
in ihr Leben.
Doch ein Koffer kommt immer wieder zurück, ver-
schwindet, kommt wieder,
zieht langsam, ganz langsam vorbei in der menschenleere
Halle.
So zieht deine stumme Gestalt an mir vorbei, so erinnere ich
mich an dich,
bis das Gepäckband stillsteht. Und sie bewegten sich nicht.
Amen.

**Wie der Abdruck unserer Körper**

*(Aus: Gedichte von Jerusalem und Liebesgedichte)*

Wie der Abdruck unserer Körper
wird kein Zeichen bleiben, dass wir einmal hier
gewesen sind.
Die Welt wird sich hinter uns schließen,
der Sand sich wieder glätten.

Das Datum ist schon in Sicht,
an dem du nicht mehr sein wirst,
schon bringt der Wind die Wolken,
die uns nicht mehr beregnen.

Und dein Name steht bereits
auf Passagierlisten von Schiffen und
in Übernachtungskladden von Hotels,
deren Bezeichnung schon beim Hören
das Herz erstickt.

Die drei Sprachen, die ich beherrsche,
all die Farben, in denen ich sehe und träume,
werden mir nicht helfen.

## Sommer oder das Ende der Prophezeiung, Nr. 9

*(Aus: Offen – Verschlossen – Offen)*

Und wie wir uns liebten! Im Gedenkwald für die Toten der
Shoah.
Wir gedachten nur unserer selbst von der vergangenen
Nacht.
Der Wald gedachte anstelle von uns und ließ uns lieben.
Denkst du noch daran, wie wir uns die Kleider vom
Leib rissen in verrückter Lust:
Hemd und Bluse flogen wie Vögel ins Geäst, die
Unterwäsche blieb am Boden
und verfing sich im dornigen Gestrüpp wie abgeworfene
Schlangenhaut.
Aber unsere Schuhe standen an der Seite mit offenen
Mündern und sangen Halleluja.

**Was immer war, Nr. 3**
*(Aus: Offen – Verschlossen – Offen)*

Nun sind schon zwei Generationen von Vergessen vergangen
und die erste Generation von Erinnern gekommen. Wehe
uns,
dass wir schon beim Erinnern angelangt sind, denn
Erinnerungen sind
eine harte Schale um das leere Herz.
Schon bald werden Menschen durch Felder und Städte
streifen
und in den Händen, wie früher Naturliebhaber
Pflanzenführer,
Menschenführer halten. Und sie werden einander zurufen:
Hier hab ich's gefunden, ich lag nicht falsch, hier sind die
Zeichen,
hier die typische Farbe von Augen und Haar, hier ist das
bekannte Lachen,
dies ist sein Geruch und dies ist sein Name, dies war ein
Freund, der Freund eines Freundes,
dies ist die Frau von damals, und dieser ähnelt meinem Vater,
und dieser ähnelt mir, diese dir. Wann blühst du, wann
verwelkst du,
dies ist der wissenschaftliche Name, dies ist der Name unter
Liebenden und Freunden,
dies ist ein Name ohne jemanden, und dies ist jemand ohne
Namen.
Und das war es.

*„Was gedenkst du morgen zu tun?“ Ich kann mich nicht*
*selbst aufgeben.*
*Ich habe das Rauchen aufgegeben, das Trinken, den Gott*
*meines Vaters,*
*ich habe alles aufgegeben, was mein Ende beschleunigen*
*wird.*
*(Aus: Die Reisen des letzten Benjamin von Tudela)*

# Vater, Gott, Ich

## Mein Vater

*(Aus: Gedichte 1948-1962)*

Die Erinnerung an meinen Vater ist in Brotpapier verpackt
wie das Essen für den Arbeitstag.

Wie ein Zauberer, der aus seinem Hut Kaninchen und Türme
zieht,
zog er aus seinem kleinen Körper – Liebe.

Die Flüsse seiner Hand
entleerten sich in das Meer seiner Güte.

**Ibn Gabirol**
*(Aus: Nun und an anderen Tagen)*

Manchmal Eiter,
manchmal Lyrik –

immer breitet sich etwas aus,
immer Schmerz.

Mein Vater war ein Baum in einem Dickicht von Vätern
bedeckt mit grünem Moos.

O Witwen des Fleisches, o Waisen des Blutes,
ich muss hier weg.

Augen scharf wie Dosenöffner,
legten große Geheimnisse bloß.

Aber durch die Wunde in meiner Brust
erhascht Gott einen Blick auf die Welt.

Ich bin die Tür
zu seinem Appartement.

## Jom Kippur. Abend. Mein Vater
*(Aus: Nun im Aufruhr)*

Mein Vater segnete mich, und seine Hände zitterten
(Die Haltung Erwachsener zu Kindern ist die eine des
Zitterns).

In seinen Augen
spiegelten sich all meine künftigen Sünden,
wir spielten die Akkedah von Abraham und Isaak.

Sein früher Tod ist das erhobene Messer.
Ständig schwebt es über mir.

Was ich mit dem Mond denke
oder mit einem Flugzeug oder vor meiner Liebsten,
ist nichts als das Messer
aus dem Spiel zwischen meinem Vaters und mir.
Kein Mensch weiß,
dass es ein Spiel ist.
(Nicht einmal Gott).

## Mein Vater, mein König

*(Aus: Nun im Aufruhr)*

Mein Vater, mein König, grundlose Liebe und grundloser
Hass
haben mein Gesicht dem Gesicht dieses zerstörten Landes
ähnlich gemacht.
Die Jahre haben mich in einen Schmerzschmecker ver-
wandelt.
Wie ein Weinschmecker unterscheide ich
zwischen Schweigsamkeitsarten
und weiß, was tot und wer gestorben ist.

Mein Vater, mein König, mache, dass mein Gesicht nicht
zerrissen wird
durch Gelächter oder Tränen.
Mein Vater, mein König, mache, dass ich nicht gequält
werde
von all dem, was mir widerfährt
zwischen Lust und Trauer, und, dass alles,
was ich gegen meinen Willen tue,
wie mein Wille erscheint, und mein Wille wie Blumen.

### Begegnung mit dem Vater

*(Aus: Große Ruhe: Fragen und Antworten)*

Mein Vater kam zu mir in einer Pause
zwischen zwei Kriegen oder zwischen zwei Lieben
wie zu einem Schauspieler, der sich hinter der Bühne im
Halbdunkel ausruht,
so kam er zu mir: Wir saßen im Café *Atarah* auf dem
Karmel.
Er fragte nach meinem kleinen Zimmer
und ob ich mit dem schmalen Lehrergehalt auskäme.

Vater, Vater, du musst vor mir Kirschen gemacht haben,
die du liebtest, schwarze, rubinrote!
Junge, Junge, die süßen Kirschen von dieser Welt.

Es war zur Zeit des Abendgebetes,
mein Vater wusste, dass ich nicht mehr betete
und sagte, komm lass uns Schach spielen,
wie ich es dir als Kind beigebracht habe.

Es war im Oktober 1947,
vor den schicksalsträchtigen Tagen und den ersten
Schüssen.
Und wir wussten damals nicht, dass ich »Generation 48«
heißen würde,
als ich Schach mit meinem Vater spielte, 1948-Matt.

## Zweite Begegnung mit meinem Vater

*(Aus: Große Ruhe: Fragen und Antworten)*

Wieder traf ich meinen Vater im Café *Atarah*
Dieses Mal war er schon tot. Draußen mischte der Abend
Vergessen mit Erinnern, so wie meine Mutter
Kalt mit Warm in der Badewanne mischte.
Mein Vater hatte sich nicht verändert, aber das Café *Atarah*
war renoviert und sah anders aus. Ich sagte: »Glücklich die,
die eine Bäckerei im Caféhaus haben,
du kannst hinein rufen: Noch einen Kuchen,
mehr Süßes, bringt mehr, bringt mehr!«

Glücklich die, die ihren toten Vater in der Nähe haben,
sie können ihm jederzeit zurufen.

O, dieses ewige Kindergekreische:
»Ich will, ich will!«
bis es zu Schreien von Verwundeten wird.

O mein Vater, Streitwagen meines Lebens, ich will
mit dir ziehen, nimm mich ein bisschen mit,
setzte mich neben meinem Haus ab
und zieh dann alleine deines Wegs.

Wir gingen. Ein Mann blieb in der Ecke sitzen,
eine Hand war ihm amputiert.
(Bei der letzten Begegnung hatte er noch zwei Hände)
Er trank Kaffee und stellte die Tasse hin,

er aß Kuchen und legte die Gabel hin,
er blätterte in einer Zeitung und legte sie hin,
dann legte er die eine Hand auf die Zeitung,
legte sie hin und ruhte sich aus.

**Schicksalsengel**
*(Gedichte 1948-1962)*

Vom Nichtstun gelangweilte Engel
schnitten Menschen aus einem großen Blatt aus
und klebten sie nach Belieben
nebeneinander.

Und mit schweren schwarzen Flügeln
standen die Koffer dabei,
um verschlossen und verschickt zu werden,
auch sie.

Oder am Bahnhof,
wenn Lokomotiven die ganze Nacht über
von Gleis zu Gleis rangieren,
wissen wir nicht,
was uns morgen erwartet.

## Gottes Hand in der Welt

*(Aus: Zwei Hoffnungen entfernt)*

1.

Gottes Hand in der Welt
wie die Hand meiner Mutter in den Innereien des
geschlachteten Huhns
am Sabbat-Abend.
Was sieht Gott durch sein Fenster,
wenn er seine Hände in die Welt hält?
Was sieht meine Mutter?

2.

Mein Schmerz ist bereits Großvater:
Er hat zwei Generationen Schmerz,
die ihm ähneln, hervorgebracht.
Meine Hoffnungen haben weiße Wohnungen errichtet,
fern von dem Gemenge in mir.
Meine Freundin vergaß ihre Liebe auf dem Gehweg
wie ein Fahrrad. Die ganze Nacht draußen im Tau.

Kinder markieren die Abschnitte meines Lebens
und die von Jerusalem
mit Mondkreide auf dem Weg.
Gottes Hand in der Welt.

## Und dies ist dein Ruhm

**Aus einem liturgischen Gesang aus den Tagen der Ehrfurcht**

*(Aus: Zwei Hoffnungen entfernt)*

Mit großer Ruhe und leisem Aufschrei beackerte ich
verbotene Gegensätze. Ich lebte im Wasser, ich lebte im
Feuer.
Ich war in Jerusalem, ich war in Rom, vielleicht bald auch in
Mekka.
Doch diesmal verbirgt sich Gott, und der Mensch jammert
und klagt.
Und dies ist dein Ruhm.

Gott liegt auf dem Rücken unter der Welt,
immer mit Reparaturen beschäftigt, immer geht etwas
kaputt.
Ich wollte ihn ganz sehen, aber ich sehe
nur die Sohlen seiner Schuhe und weine.
Und dies ist sein Ruhm.

Sogar die Bäume gingen, sich einen König zu wählen.
Tausendmal habe ich mein Leben von vorne begonnen.
Am Ende der Straße steht einer und zählt ab:
den da und den hier und den da und den.
Und dies ist dein Ruhm.

Vielleicht wie bei einem antiken Torso ohne Arme,
wäre unser Leben schöner, ohne Großtaten und
Heldentum.
Zieh mir die vergilbte Rüstung aus,

ich habe mit allen Helden gekämpft bis mir die Kräfte versagten.
Und dies ist mein Ruhm.

Lass deinen Geist zur Ruhe kommen, er rannte den ganzen Weg mit mir,
nun ist er müde und erschöpft.
Ich sehe dir zu, wie du etwas aus dem Kühlschrank nimmst,
und in seinem Licht erstrahlst wie aus einer anderen Welt.
Und dies ist mein Ruhm,
und dies ist sein Ruhm,
und dies ist dein Ruhm.

## Gott ist voll der Gnade

*(Aus: Zwei Hoffnungen entfernt)*

Gott ist voll der Gnade,
wäre Gott nicht voll der Gnade,
wäre Gnade in der Welt und nicht bei ihm.
Ich, der ich Blumen pflückte auf dem Berg
und in alle Täler blickte,
ich, der ich Leichen von den Höhen schleppte,
kann sagen, dass in der Welt keine Gnade ist.

Ich, der ich König des Salzes war am Meer,
der ich unentschlossen an meinem Fenster stand,
der die Fußstapfen der Engel zählte,
dessen Herz Lasten von Schmerz getragen hat
in schrecklichen Wettkämpfen,
ich, der ich nur einen kleinen Teil
der Worte aus dem Wörterbuch benutze.

Ich, der ich gegen meinen Willen Rätsel lösen muss,
weiß, wenn Gott nicht voll der Gnade wäre,
wäre Gnade in der Welt
und nicht nur bei ihm.

## Gottes Schicksal

*(Aus: Nun im Aufruhr)*

Gottes Schicksal
ist jetzt wie das Schicksal
von Bäumen und Steinen, von Sonne und Mond,
als man aufhörte, an sie zu glauben
und anfing, an ihn zu glauben.

Aber er muss bei uns bleiben:
Wenigstens wie die Bäume, wenigstens wie die Steine,
wie Sonne, Mond und Sterne.

## Die Offenbarung auf dem Sinai

*(Aus: Hinter all dem verbirgt sich großes Glück)*

Als Moses mit Gott
auf dem Sinai zusammensaß
und auf eine Tafel schrieb, saß ich
im Klassenzimmer
und zeichnete verträumt
Blumen und Gesichter,
Flieger und bekannte Personen.
Nun zeig ich's euch allen:
»Befolgt es nicht, tut es nicht!«

**Offenbarung**

*(Aus: Nun im Aufruhr)*

Heute hat sich Gott mir offenbart,
so:
Jemand hielt mir von hinten mit den Händen
die Augen zu:
Ratet mal wer?

## Große Ruhe: Fragen und Antworten

*(Aus: Große Ruhe: Fragen und Antworten)*

Leute in einem schmerzhaft grell beleuchteten Saal
sprachen über Religion
im Leben der heutigen Menschen
und über den Platz Gottes.

Die Leute sprachen mit aufgeregten Stimmen
wie auf Flughäfen.
Ich verließ den Raum,
öffnete eine eiserne Tür mit der Aufschrift
»Notausgang« und ging durch sie hinaus.
Großen Ruhe: Fragen und Antworten.

**Götter wechseln, Gebete bleiben für immer, Nr. 27**
*(Aus: Offen – Verschlossen – Offen)*

Nach Auschwitz keine Theologie mehr:
Aus den Kaminen des Vatikans steigt weißer Rauch empor,
ein Zeichen, dass die Kardinäle sich einen Papst gewählt
haben.
Von den Krematorien in Auschwitz steigt schwarzer Rauch
empor,
ein Zeichen, dass Gott noch nicht
sein auserwähltes Volk gewählt hat.
Nach Auschwitz keine Theologie mehr:
Die auf den Unterarmen eintätowierten Nummern,
der für die Vernichtung bestimmten Häftlinge
sind die Telefonnummern Gottes.
Nummern ohne Antwort und nun ohne Anschluss,
eine nach der anderen.

Nach Auschwitz gibt es eine neue Theologie:
Die Juden, die in der Shoah gestorben sind,
sind ihrem Gott nun ähnlich geworden,
der keine Ähnlichkeit mit einem Körper hat und körperlos
ist.
Sie haben keine Ähnlichkeit mit einem Körper und sind
körperlos.

## Autobiografie im Jahr 1952
(Aus: *Gedichte 1967*)

Mein Vater baute über mir eine riesige Schiffswerft aus
Sorgen,
doch eines Tages verließ ich sie, noch nicht fertig,
und er blieb zurück mit seiner großen, leeren Besorgnis.
Und meine Mutter – stand wie ein Baum am Ufer
zwischen ihren nach mir ausgestreckten Armen.

Im Jahr `31 waren meine Hände fröhlich und klein,
im Jahr `41 lernten sie ein Gewehr zu gebrauchen
und als ich meine erste Liebe liebte,
waren meine Gedanken wie ein Bündel bunter Luftballons.
Die Hand des weißen Mädchens hielt sie alle
an einem dünnen Faden und – ließ sie fliegen.

Im Jahr `51 bewegte sich mein Leben
wie ein Rudersklave auf einer Galeere,
und das Gesicht meines Vaters wie das Schlusslicht eines
abfahrenden Zuges,
und meine Mutter schloss all die vielen Wolken in ihr
braunes Schränkchen ein.
Ich aber ging meinen Weg hinauf,
das Blut des zwanzigsten Jahrhunderts in den Adern,
das in viele Kriege durch viele Öffnungen geflossen ist
und meinen Kopf durchpulste
und mein Herz in Wutwellen erreichte.

Aber jetzt, im Frühjahr ’52, sehe ich,
dass mehr Vögel zurück sind als letzten Winter fortzogen.
Auch ich bin zurück und gehe hinunter zu meinem Haus
mit der Frau in meinem Zimmer,
deren Körper schwer ist und voll von Zeit.

## Mein Nicht-Credo

*(Aus: Nun im Aufruhr)*

Im Winter, als meine Liebe zum ersten Mal
in ihrem Leben Schnee sah,
sagte ich ihr, woran ich nicht glaube.
Drinnen stritt man sich, ob Gott lebe oder tot sei.
Sie trug einen braunen Pelz; sie war ein Tier von Gott,
und draußen der Schnee!
Ich wache morgens auf und küsse sie für ihre Sünden
und schlürfe mit Kussgeräuschen mein warmes Getränk.
Aber eine große Unruhe ist in mir.
In der Zeitung sehe ich ein Bild mit tanzenden Leuten.
Dies ist eine Welt, wo Menschen tanzen. Und meine Seele
steht wundersam wie der Turm von Pisa, mein Körper
umgibt sie wie eine Schar von Touristen.
Das Sonnenlicht fällt auf den Schreibtisch, der dem Teufel
verpfändet ist,
die Erde ist nicht flach, und dennoch
bin ich freundlich zum Gott meiner Kindheit.

In den Mühen meines Lebens wurde ich
ein Sprachhindernis: Es ist schwer
für IHN, in mir seine Welt zu preisen.

## Dies ist die Geschichte vom Staub

*(Aus: Hinter all dem verbirgt sich großes Glück)*

Dies ist die Geschichte vom Staub: Zwischen meinem
morgendlichen Weggehen
und meiner Rückkehr am Abend geschieht die Hälfte von
allem,
und in meinem Schlaf die andere Hälfte. Alles ohne mich.

In meiner Jackentasche liegen die Schlüssel von Häusern,
die gegangen sind,
in meiner Börse Briefmarken
für Briefe, die ich nicht mehr verschicken muss.

Dies ist die Geschichte vom Staub,
der die Felsen vergessen hat, von denen er kam,
Trauer und Freude, einst flüssige Maße,
sind nun Trockenmaße.
Die Frucht am Baum macht Platz für neue Frucht
ohne Testament und ohne Bedauern: Ja sogar eine
fröhliche Ernte
hat ein ruhiges Ende, nicht nur Tränen.

Ich bin schon so weit weg, dass ich mich nicht mehr
entsinne,
ob ich das, was ich tat, für meinen Vater tat,
oder ob mein Sohn es für mich getan hat.

## Ich habe aus dem Buch Esther die Reste vulgärer Freuden entfernt

*(Aus: Die Zeit, Nr. 29)*

Ich habe aus dem Buch Esther die Reste vulgärer Freuden
entfernt
und aus dem Buch Jeremiah das Schmerzensgeheul der
Eingeweide
und aus dem Lied der Lieder die endlose Suche nach Liebe
und aus dem Buch Genesis die Träume und Kain
und aus Kohelet die Verzweiflung
und aus Ijob – Ijob.
Von dem, was übrig blieb, bastelte ich mir eine neue Bibel
zusammen.
Nun lebe ich zensiert, zusammengeleimt und begrenzt, in
Frieden.

Eine Frau fragte mich letzte Nacht im Dunkeln auf der
Straße
nach dem Befinden einer anderen Frau,
die nicht in ihrer Zeit und nicht in jemand anderes Zeit
gestorben war.
Aus großer Müdigkeit antwortete ich ihr:
Es geht ihr gut, es geht ihr gut.

## Namen von Namen, Namen von Namen, in jenen Tagen, in dieser Zeit, Nr. 1-3

*(Aus: Offen – Verschlossen – Offen)*

1.
Mein Name ist Jehúdah, mit Betonung auf dem »hú«,
»Jehu, hu hu« ruft die Stimme der Mutter den Kleinen vom
Spiel nach drinnen,
»Huhu« ruft die Stimme aus der Wüste, und »Huhu«
ruft die Stimme in die Wüste. Ein überraschendes »Hu«
und ein überraschtes »Hu«,
ein lange gedehntes »Hu« der Geliebten meines Lebens.

Mein Name ist Jehudáh, mit Betonung auf dem »dáh«,
Jehudá wie »Todáh«, danke auf Hebräisch, Jehudáh wie
Ga' awaáh, wie Stolz
und Erinnerung an den Heldenmut von Jehudáh Makkabí.
Jehudáh wie »Thehudáh«, wie eine Schwingung, wie das
leise Surren
eines Gummibands um einen Stapel Briefe, Jehudáh wie das
scharfe Sirren
eines Gummibands, das über einer Frauenhüfte reißt.
»Dah, Dah«, ohne »Ju«, wie der mutige Sprung am weit
geöffneten Fallschirm
mitten in eine Hochzeit hinein durch alle Schichten meines
Lebens.

2.
Mein Name ist Jehudah, aber die mich mögen, nennen mich Judah,
so wie man die alten Juden nannte, wie den Bruder meines Großvaters,
Judah, »Juju« ruft das Kind aus seinem Versteck,
Ein »Ju« der Sehnsucht, »Juju« tutet das Schiff bei Nebel,
»Ju« wie juchzen, »Ju« wie jubeln, »Ju« wie jubilieren, »Ju« wie Halleluja.
»Ju« von den Tiefen und »Hu« von den Höhen,
»Ju« und »Hu« zusammen in den Kammern der Liebe.

3.
Mein Name ist Jehudah und stammt
aus dem Warenhaus aller Namen. Mein Glied ist mein Glied,
meine Erektion ist meine Erektion, aber der Samen stammt von dem unendlichen
Saatgutreservoir und kehrt durch meine Nachkommen zurück
in den großen Ozean.

## **Einst schrieb ich *Nun und an anderen Tagen:* So vergeht der Ruhm, so vergehen die Psalmen**

*(Aus: Offen – Verschlossen – Offen)*

Einst schrieb ich »*Nun und an anderen Tagen*«.
Nun bin ich in jenen anderen Tagen angekommen.
Als ich das schrieb, waren es die Tage am Ende des
Jahrhunderts
und nun sind diese anderen Tage in der Vergangenheit, in
der Mitte des Jahrhunderts.
Aber das »Nun« ist immer noch bei mir, wohin ich auch
gehe ist das »Nun«,
wie im Sonnensystem die Vergangenheit, die Zukunft und
ich –
immerfort herumkreisend.
Das »Nun« ist die Sonne, das »Nun« ist die Ewigkeit.
Der Wechsel ist Gott.
Und jene anderen Tage wurden zur Andersheit. Auf mei-
nem Schreibtisch
liegt ein Stein, auf dem steht „Amen", der Splitter von ei-
nem Grabstein
aus einem jüdischen Friedhof, zerstört vor tausend Jahren.
Auf meinem Schreibtisch
liegt auch der verbogene Schrapnellsplitter einer
explodierten Handgranate.
Meine Kinder fanden ihn bei Tel Gath zwischen Frühlings-
blumen.
Dieser verbogene Splitter ist der Engel, der mich gerettet
hat,

der Engel, der mich nicht in der Schlacht getötet hat, in
jenen anderen Tagen.
Vielleicht hat er einen anderen Menschen getötet.
Die Andersheit ist Gott. Die Andersheit hat IHN getötet:
die Andersheit hat Ruth getötet.

## Ich war keiner der sechs Millionen. Doch was ist die Summe meines Lebens? Nr. 1-4

*(Aus: Offen – Verschlossen – Offen)*

1.
Ich war keiner der sechs Millionen,
die in der Shoah umkamen, ich war nicht einmal unter den Geretteten
und ich war keiner der sechshunderttausend, die aus Ägypten auszogen.
Ich kam übers Meer in das verheißene Land.
Nein, ich war nicht unter all jenen, obwohl ich noch das Feuer und den Rauch in mir habe,
Säulen aus Feuer und Rauch zeigen mir den Weg in der Nacht und am Tag.
Geblieben ist in mir aber der Zwang, nach einem Notausgang Ausschau zu halten,
nach sanften Plätzen, nach der Nacktheit des Landes,
um in die Schwäche und Hoffnung zu entkommen, geblieben ist in mir die Lust, nach lebendigem
Wasser zu suchen, durch ruhiges Reden mit dem Felsen oder durch wilde Schläge.
Danach Stille, ohne Fragen, ohne Antworten.
Die jüdische Geschichte und die Weltgeschichte zermalmen mich zwischen sich,
manchmal so fein wie zwei Mahlsteine. Sonnenjahr und Mondjahr
überholen sich gegenseitig, konkurrieren miteinander oder hüpfen

und halten mein Leben dauernd in Schwung.
Doch manchmal falle ich durch den Spalt zwischen den
beiden,
um mich zu verstecken oder zu versinken

2.
Ich war nie an den Orten, an denen ich nicht war und nie
sein werde,
ich habe keinen Anteil an der Unendlichkeit von Lichtjahren
und Dunkeljahren,
aber die Dunkelheit ist mein, und das Licht ist mein, und
meine Zeit.
Der Sand am Strand – seine unendlich vielen Körner sind
derselbe Sand,
auf dem ich eine Frau liebte, in Achziv und Caesarea.
Ich habe die Jahre meines Lebens in Stunden geteilt und die
Stunden in Minuten und
Sekunden und Bruchteile von Sekunden. Diese, nur diese
sind die Sterne über mir,
die du nicht zählen kannst.

3.
Und was ist meine Lebenszeit? Ich bin wie einer, der auszog
aus Ägypten,
das Rote Meer teilt sich, und ich gehe auf festem Land,
zwei Wasserwälle, einer zu meiner rechten, einer zu meiner
linken,
im Rücken Pharaos Heer und seine Reiterei und vor mir die
Wüste,
vielleicht auch das verheißene Land. Das ist meine
Lebenszeit.

4.

Offen – verschlossen – offen. Bevor der Mensch geboren wird,
ist alles offen im Universum ohne ihn. Denn solange er lebt, ist alles verschlossen
in ihm durch sein Leben. Und wenn er stirbt, ist wieder alles offen.
Offen – verschlossen – offen. Das ist alles, was der Mensch ist.

**In meinem Leben, über mein Leben, Nr. 1 u. 12**
*(Aus: Offen –Verschlossen –Offen)*

1.
Mein ganzes Leben über spielte ich Schach mit mir selbst
und mit den anderen,
und die Tage meines Lebens waren Schachfiguren, gute und
schlechte, ich und ich,
ich und du, Krieg und Liebe, Hoffnung und Verzweiflung,
schwarze und weiße Figuren.
Jetzt sind alle durcheinander und farblos, und das Schach-
brett ist ohne Felder und nur
noch eine glatte Fläche, die sich mit Nacht und Tag
vermischt. Das Spiel geht heiter
ohne Ende und ohne Gewinner weiter, und die ausgehöhlten
Regeln
schallen im Wind. Und ich höre zu und schweige. In meinem
Leben
und bei meinem Tod.

Als ich klein war sprach ich jede Nacht das Bettgebet.
Ich erinnere mich noch an den ersten Vers:
*»Der Engel, der mich vor allem Bösen bewahrt.«*
Später betete ich nicht mehr, nicht in meinem Bett,
nicht auf den Höhen, nicht im Krieg, nicht am Tag und nicht
nachts,
doch der beschützende Engel blieb an meiner Seite und
wurde

ein liebender Engel und dieser liebende Engel wird der
Todesengel sein,
wenn die Zeit kommt, aber er ist immer noch derselbe Engel,
der mich vor allem Bösen bewahrt.

12.
Jeden Tag höre ich nun, wie die Kreise meines Lebens sich
schließen,
das Klacken zuschnappender Schnallen, wie Küsse aus
Tröstung und Liebe.
Diese verleihen meinem letzten Leben den Rhythmus.
Dinge, die vor langer Zeit verloren gingen, finden wieder
ihren Platz, so wie bei Billardkugeln jede ihr Loch,
Verträge und Prophezeiungen gehen in Erfüllung, wahre und
falsche Prophezeiungen.
Ich finde von offenen Gefäßen wieder die Deckel, ich finde
die zusammengehörenden Teile.
Es ist wie bei Verträgen aus der Vorzeit, die man aus Ton
machte und in zwei ungleiche
Stücke zerbrach, die ineinander passten.
Es ist wie ein Mosaik, für das Kinder spielend nach den
fehlenden Teilen suchen.
Das Spiel ist beendet, wenn das ganze Bild vollständig zu
Ende gemalt ist.

*An diesem strahlend hellen Herbsttag*
*erschaffe ich Jerusalem neu.*
*Die Gründungs-Megilloth*
*fliegen durch die Luft, Vögel, Gedanken.*

*(Aus: Jerusalem 1967)*

# Jerusalem

**Jerusalem**
*(Gedichte 1948-1962)*

Auf einem Dach in der Altstadt
leuchtet Wäsche im letzten Tageslicht:
das weiße Betttuch einer Feindin,
das Handtuch eines Feindes,
um sich den Schweiß von der Nase zu wischen.

Und am Himmel über der Altstadt:
Ein Drachen.
Am Ende der Schnur –
ein Junge,
den ich nicht sehe
wegen der Mauer.

Wir haben viele Flaggen gehisst,
sie haben viele Flaggen gehisst,
damit wir denken, sei seien glücklich,
damit sie denken, wir seien glücklich.

## Jerusalem 1967, Nr. 1-3

*(Aus: Nun im Aufruhr)*

1.
Dieses Jahr verreiste ich weit,
um die Stille meiner Stadt zu sehen.
Ein Baby wird durch Schaukeln beruhigt, eine Stadt durch
Entfernung
Ich verweilte in Sehnsucht und spielte das Hüpfspiel
der vier streng gezogenen Karos von Jehuda Halevi:
*Mein Herz. Mein Ich. Osten. Westen.*

Ich hörte Glocken klingen in den Religionen der Zeit,
aber das Jammern, das in mir klang,
drang immer aus meiner judäischen Wüste.

Jetzt, da ich zurück bin, beklage ich mich wieder,
und in den Nächten steigen die Sterne auf wie Blasen Ertrinkender,
und jeden Morgen schreie ich den Schrei eines Neugeborenen
aus Verwirrung über die Häuser und all dieses grelle Licht.

2.
Ich bin zurückgekehrt in diese Stadt, wo man Entfernungen
Namen gab als wären es Menschen
und die Nummern sind nicht die von Buslinien,
sondern: 70 nach, 1917, fünfhundert
vor der Zeitrechnung, achtundvierzig. Dies sind die Linien,
mit denen man in Wahrheit hier fährt.

Und nun treffen sich die Dämonen der Vergangenheit
mit den Dämonen der Zukunft und diskutieren über mir
über mich,
zeigen Kompromissbereitschaft, zeigen Kompromiss-
losigkeit,
im hohen Bogen von Geschoßbahnen über meinen Kopf
hinweg.

Ein Mensch, der nach Jerusalem zurückkommt, fühlt,
dass nun die einst schmerzenden Plätze nicht mehr wehtun.
Aber eine leichte Warnung liegt über allem wie ein leicht
flatternder Schleier:
Achtung!

3.

Beleuchtet ist der Davidturm, beleuchtet ist die Marienkir-
che,
beleuchtet sind die schlafenden Vorväter in der Höhle von
Machpelah,
von innen angestrahlt ihre Gesichter, beleuchtet sind die
durchsichtigen
Honigkuchen, beleuchtet ist die Uhr und die Zeit,
die durch deine Schenkel dringt, wenn du dich ausziehst.

Beleuchtet, beleuchtet. Beleuchtet sind die Wangen meiner
Kindheit,
beleuchtet sind die Steine, die angestrahlt sein wollen zu-
sammen
mit denen, die in der Dunkelheit der Plätze schlafen wollen.

Beleuchtet sind die Spinnen der Geländer und die Spinn-
gewebe von Kirchen
und Wendeltreppen. Aber aus allem, auf allem, leuchtet
die schreckliche, wahre Röntgenschrift
in knochigen Lettern aus leuchtendem Weiß:
*»Mene mene tekel ufarsin!«*

## Jerusalems Selbstmordversuche

*(Aus: Und nicht zum Erinnern)*

Die Tränen hier machen die Augen nicht weich.
Sie schleifen und polieren nur das verhärtete Gesicht,
wie einen Felsen.

Jerusalems Selbstmordversuche.
Die Stadt versuchte es wieder am neunten Aw,
sie versuchte es mit Rot und Feuer,
mit langsamem Zerfall von weißem Staub
und mit Wind. Sie wird es nie schaffen,
aber sie wird es immer wieder versuchen.

## Zionsgesang 12

*(Aus: Hinter all dem verbirgt sich großes Glück)*

Auf den letzten Worten von Trumpeldor
*»Es ist schön, für unser Land zu sterben«* hat man das neue Heimatland gebaut,
wie wilde Bienen in schwirrenden Nestern.
Selbst wenn dies nicht seine letzten Worte waren
oder er sie nie gesagt hat, oder wenn er es tat, sie verloren gingen,
sind sie noch da, überwölbt wie eine Höhle.
Der Zement ist härter geworden als Stein. Dies ist meine Religion,
in der ich träumen kann, ohne zu straucheln,
in der ich schlechte Dinge tun kann, ohne zu verlieren,
in der ich meine Frau vernachlässigen kann, ohne einsam zu sein,
in der ich, ohne mich zu schämen, weinen, lügen und betrügen kann,
ohne dafür in die Hölle zu kommen.

Dies ist das Land, das wir mit Feld und Forst bedeckten,
aber wir hatten keine Zeit, unser Gesicht zu bedecken,
so dass es nackt ist und verzerrt von Trauer und schmerzlicher Freude.

Dies ist das Land, dessen Tote in der Erde liegen,
statt Kohle, Erz und Gold:
Der Brennstoff für das Kommen der Messiasse

**Wie schön sind deine Zelte, Jakob**
*(Aus: Die Zeit, Nr. 11)*

Wie schön sind deine Zelte, Jakob, auch wenn da keine Zelte mehr sind
und keine Nachkommen Jakobs, sage ich, wie schön.

O dass doch etwas Erlösendes käme, ein altes Lied,
ein weißer Brief oder ein Gesicht in der Menge,
eine offene Tür für das Auge, ein buntes Eis für den Gaumen,
Öl für die Eingeweide, eine warme Erinnerung für die Brust.

Dann würde sich mein Mund zu immerwährendem Lobpreis öffnen
wie der klaffende Bauch eines Kalbes am Haken
in einer Metzgerei auf dem Altstadtmarkt.

**Als ich jung war**
*(Aus: Die Zeit, Nr. 32)*

Als ich jung war, war das Land auch jung
und mein Vater war der Vater von allen.
Als ich glücklich war, war das Land auch glücklich.
Als ich auf der Erde hüpfte, hüpfte die Erde auch
unter meinen Füßen, und das Gras, das sie im Frühling
bedeckte,
federte meinen Schritt. Ihr harter, trockener Boden im
Sommer
schmerzte an der aufgerissenen Haut meiner Füße.
Als ich meine große Liebe fand,
wurde die Unabhängigkeit meines Landes erklärt.
Als mein Haar im Wind wehte, wehten seine Fahnen.
Als ich kämpfte, war mein Land im Krieg.
Als ich aufstand, stand mein Land auch auf,
und wenn ich sank, begann mein Land mit mir zu sinken.

Nun falle ich von allem ab,
wie etwas Angeklebtes, wenn der Klebstoff nicht mehr hält.
Ich löse mich ab und krümme mich in mich zurück.

Vor kurzem sah ich einen Klarinettenspieler
im Polizeiorchester beim König-David-Turm spielen.
Sein Haar war weiß, sein Gesicht zufrieden.
Das Gesicht von 1946 – jenes eine Jahr zwischen
berühmten und schrecklichen Jahren, war ein Jahr,
in dem gar nichts passierte –
bis auf eine große Hoffnung, die Klarinettenmusik,
und die Tatsache, dass ich mit einem Mädchen
in einem ruhigen Zimmer in den Jerusalemer Nächten
schlief.
Seither hatte ich den Klarinettenspieler nicht mehr gesehen,
aber die Hoffnung auf eine bessere Welt
hat bis heute sein Gesicht nicht verlassen.

Danach kaufte ich mir eine nicht koschere Wurst
mit zwei Beugel und ging nach Hause.
Ich hörte noch die Abendnachrichten,
aß und legte mich auf mein Bett,
doch die Erinnerung an meine erste Liebe
kam zu mir zurück, wie das Gefühl, zu fallen,
bevor ich einschlief.

**Jerusalem ist eine Wiege**
*(Aus: Die Zeit, Nr. 52)*

Jerusalem ist eine Wiege, die mich schaukelt.
Wann immer ich erwache, passieren mir seltsame Dinge,
mitten am Tag, wie jemandem, der zum letzten Mal
die Treppe des Hauses, in dem er liebte, hinuntergeht
mit schon geschlossenen Augen. Aber meine Tage zwingen
mich,
die Augen offen zu halten und mich an jeden zu erinnern,
der an mir vorbeigeht: Vielleicht mag er mich,
vielleicht legte er eine Bombe, hübsch als Geschenk für eine
Geliebte verpackt.
Mir fallen all die Schwachstellen an den Steinhäusern auf,
der Schlitzt für die elektrischen Leitungen,
das Loch für die Wasserrohre,
die nackte Öffnung für die Telefonverbindung
und die stöhnenden Münder.

En Jerusalemer bin ich. Swimmingpools
mit ihrem Geschnatter gehören nicht zu meiner geistigen
Welt.
Der Staub ist mein Bewusstsein, der Stein mein
Unterbewusstsein,
und all meine Erinnerungen sind ein abgeschlossener
Innenhof
an Sommermittagen.

## Ein Vogel singt im Morgendämmern

*(Aus Die Zeit, Nr. 75)*

Ein Vogel singt im Morgendämmern mit allzu lauter
Stimme
und prophezeit einen trostlosen Tag.

Mittags werden die Jalousien heruntergelassen
gegen die brennende Sonne.
Dann macht meine Seele Liebe mit mir
von hinten, den ganzen Rücken entlang,
und ich bin unfähig, zur Arbeit
zurückzukehren, bei so viel Vergnügen.

Gegen Abend löst sich die sogenannte *Gegenwärtige
Situation*
von den Menschen ab und hängt vollständig
in der Luft, wie ein hoher Baldachin,
und die Quantität von allem Wasser in der Welt
wird zur Qualität einer Träne im Auge.

## Gewohnheitsgesänge

*(Aus: Die Zeit Nr. 1)*

Gewohnheitsgesänge, Landminen und Gräber.
Diese werden freigelegt, wenn man ein Haus oder eine
Straße baut:
Dann kommen die schwarzen Rabenmenschen aus
Mea She'arim,
um verbittert zu schreien: »Ein Toter, ein Toter«. Dann
kommen
Soldaten,
junge, mit Händen noch feucht von der Nacht,
und nehmen Eisen auseinander und dekodieren den Tod.

Kommt, dann lasst uns kein Haus bauen und keine Straße
pflastern!
Lasst uns ein Haus im Herzen entfalten und eine Straße
auf einer Spule in der Seele aufrollen,
und wir werden niemals sterben.

Die Menschen leben hier in wahrgewordenen Prophezeiun-
gen
wie in einer dichten Wolke nach einer Explosion, die sich
nicht aufgelöst hat.
Und so berühren sie einander in ihrer einsamen Blindheit
zwischen den Beinen, in der Dämmerung,
denn sie haben keine andere Zeit und keinen anderen Ort.
Doch die Propheten sind schon lange tot.

**In der Altstadt**

*(Aus: Große Ruhe: Fragen und Antworten)*

Feiertagsheuler sind wir, Nameneinritzer in jeden Stein,
Hoffnungsinfizierte, Geiseln von Regierungen und
    Geschichte,
Windverwehte, Staubsauger heiligen Staubs.
Unser König ist ein schöner, weinender Junge,
sein Bild hängt überall.
Die Treppen zwingen uns immer,
zu hüpfen wie in einem ausgelassenen Tanz,
sogar die Traurigen mit schweren Herzen.

Aber das göttliche Paar sitzt auf der Terrasse des Cafés:
Sein Arm ist stark und lässig abgewinkelt,
sie mit langem Haar. Sie sind nun entspannt,
nach der Chalvah-, Honig- und Haschisch-Darbietung.
Beide tragen lange durchsichtige Umhänge
ohne etwas darunter.
Als sie von ihrem Ruheplatz in der Sonne,
die am Jaffa-Tor untergeht, aufstehen,
stehen alle auf und starren sie an:
Zwei helle Heiligenscheine um dunkle Körper.

## Eine Touristin

*(Aus: Große Ruhe: Fragen und Antworten)*

Auf einem großen Stein neben dem Jaffa-Tor
saß ein blondes Mädchen aus einem nördlichen Land
und ölte ihre Haut mit Sonnencreme ein.

Ich sagte ihr »Geh nicht diese Alleen entlang,
ein Netzt ist dort ausgelegt von heißblütigen Junggesellen,
eine Ehebrecherfalle. Und weiter drinnen
im Halbdunkel stöhnen die Hosen alter Männer
und unheilige Lust in der Verkleidung von Gebet,
Gram und verführerischem Geschwätz in vielen Sprachen«.

Einst war hier das Hebräische
die Gassensprache Gottes,
jetzt sage ich in ihr
Worte heiliger Lust.

## Ökologie von Jerusalem

*(Aus: Große Ruhe: Fragen und Antworten)*

Die Luft über Jerusalem ist gesättigt mit Gebeten und
Träumen
wie die Luft über Industriestädten mit Smog.
Es atmet sich schwer.

Von Zeit zu Zeit kommt eine neue Schiffsladung von
Geschichte an,
die Häuser und Türme sind ihr Verpackungsmaterial.
Später werden sie weggeworfen und zu Stapeln gehäuft.

Doch manchmal kommen Kerzen an, statt Menschen,
dann ist es ruhig.
Manchmal kommen aber Mensch an, statt Kerzen,
dann wird es laut.

Und in abgeschlossenen Gärten, hinter Jasmingebüschen
voller Duft,
lauern fremde Konsulate
wie zurückgewiesene, boshafte Bräute,
auf ihre Stunde.

## Auf der breiten Treppe – dem Glück auflauernd

*(Aus: Große Ruhe: Fragen und Antworten)*

Auf der breiten Treppe, die zur Klagemauer führt,
kam eine schöne Frau auf mich zu: »*Erinnerst du dich nicht an mich,*
*ich heiße Shoshanah auf Hebräisch, anders in anderen Sprachen. Alles ist eitel*«.
So sprach sie bei Anbruch der Nacht und stand
zwischen Zerstörtem und Erbautem, zwischen Licht und Dunkel.
Schwarze Vögel und weiße Vögel wechselten einander ab
in einem schnellen Atemrhythmus.
Die Kamerablitze der Touristen erhellten auch mein Gedächtnis:
Was machst du hier zwischen dem Verheißenen und dem Vergessenen,
zwischen dem Erhofften und dem Erfundenen?
Was machst du hier und lauerst dem Glück auf
mit deinem hübschen Gesicht, dieser göttlichen Touristikwerbung,
mit deiner Seele, die zerrissen und durchlöchert ist wie meine?

Sie antwortete mir: Meine Seele ist zerrissen und durchlöchert wie deine,
aber gerade dadurch ist sie schön,
wie feine Spitze.

## Touristen

*(Aus: Große Ruhe: Fragen und Antworten)*

Also Beileidsbesuche veranstalten sie hier bei uns,
sitzen in Jad-Vashem herum, machen ernste Gesichter
an der Klagemauer
und schäkern hinter schweren Vorhängen im Hotelzimmer.

Lassen sich fotografieren mit den bedeutenden Toten
am Grab von Rachel, am Grab von Herzl und auf dem
    Ammunition Hill.
Schluchzen über die Potenz unserer Jungs,
begehren unsere strammen Mädels
und hängen ihre Höschen
in einem kühlen, blauen Bad
zum Schnelltrocknen auf.

Einmal saß ich auf der Treppe am Tor der David-Zitadelle und stellte meine zwei schweren Einkaufskörbe neben mir ab. Eine Touristentraube umringte einen Tour-Guide, und ich gab den Bezugspunkt für sie ab: »Sehen Sie den Mann da drüben mit den Körben? Ein bisschen rechts von seinem Kopf da ist ein Bogen aus der Römerzeit. Ein bisschen neben seinem Kopf.« »Aber er bewegt sich, er bewegt sich! « Ich sagte mir: Erlösung wird erst kommen, wenn man ihnen sagt: »Sehen Sie den Bogen dort drüben aus der Römerzeit? Der ist nicht wichtig, aber links und ein bisschen unterhalb davon sitzt ein Mann, der Früchte und Gemüse für zu Hause gekauft hat«.

**Jerusalem, Jerusalem, warum Jerusalem? Nr. 1, 2 u. 28**
*(Aus: Offen – Verschlossen – Offen)*

1.

Jerusalem ändert ständig seine Methoden, wie König David,
der vorgab, verrückt zu sein, um dem Tod zu entrinnen.
Die Toten geben vor, aufzuerstehen, und die Lebenden, zu
sterben,
der Friede trägt die schreckliche Maske des Krieges, und
der Krieg
ändert seine Einstellung zum Frieden. Und wir, die wir hier
leben, sind ausgestellt
im Schaufenster der Geschichte, seltsam bekleidet mit star-
ren Körpern
und einem himmlischen Ausdruck im Gesicht,
für Touristen, Pilger und exaltierte Engel.
Aber was wir wirklich wollten, war, uns auszutoben in
dunklen Warenhäusern
mit ausgelassener Freude wie im Paradies: »*Sie waren nackt
und schämten sich nicht.*«
Aber die Heiligen, die in der fernen Vergangenheit zum
Himmel aufstiegen,
und die Astronauten, die in ferner Zukunft aus der Stadt
aufsteigen werden,
sind wie in die Höhe Fliehende, denn im Vergleich zu
Jerusalem ist sogar
der Weltraum sicherer und besser beschützt, so wie ein
echtes Zuhause.

2.
Eine Stadt, die eine Mauer hat wie Jerusalem,
ist wie Kinder, die einen Vater haben,
doch beide, Mauer und Vater, können sie nicht mehr
beschützen.
Man kann uns nicht zum Narren halten.
Ich sah Menschen dicht gedrängt
im Bus stehen, mit müden, ausgelöschten Augen in glühen-
den Gesichtern
oder mit glühenden Augen in müden, ausgelöschten
Gesichtern.
Und die Stehenden hoben die Arme, um sich festzuhalten,
so als höben sie sie zum Stehgebet, und sie lasen die
Werbung,
an der Wand über dem Fenster: Es ist verboten zu rauchen,
kaufe, kaufe, kaufe, Notausgang, aber kaufe!
Man kann uns doch zum Narren halten!

28.
Warum Jerusalem, warum ich?
Warum nicht eine andere Stadt, warum nicht ein anderer?
Einst stand ich vor der Klagemauer,
als plötzlich eine Vogelschar kreischend hochstob,
flügelflatternd wie Wunschzettel, die aus den Ritzen
der riesigen Steinquader freigesetzt
nach oben flogen.

*Schreckliche Sehnsucht befiel mich,*
*wie die Menschen auf einer alten Fotografie,*
*die zurückwollen zu denen,*
*die sie im warmen Licht einer Lampe betrachten*
*(Aus: Die Zeit Nr. 48)*

# Nachwort

Manchmal gibt es Glücksfälle in der Lyrik, die einem Dichter schon im besten Schaffensalter zuteil werden und ihn ins Licht nationaler und internationaler Bekanntheit tauchen, obwohl er damit zu Lebzeiten noch gar nicht gerechnet haben mag. Zu Lyrikern dieser Art gehört Jehuda Amichai, der es vorzog, obgleich seine Muttersprache Deutsch war, auf Hebräisch zu schreiben, in einer Sprache also, in der er sich erst im Kindesalter beheimatete, und die außerhalb Israels nur vergleichsweise wenige Menschen verstehen. Amichai, als Ludwig Pfeuffer 1924 in Würzburg geboren, wollte nicht nur durch die Änderung seines Namens – Amichai bedeutet in Hebräisch »Mein Volk lebt« – ein Bekenntnis zum Judentum ablegen. Er wollte auch durch die Wahl dieser Sprache zeigen, dass er, der als Zwölfjähriger mit seiner Familie nach Palästina eingewandert war, dennoch Keiner aus dem Exil war, sondern einer, der sich geistig als einen *Sabra*, einen in Palästina aufgewachsenen Juden, verstand. Sabra war damals ein Zauberwort, eine Metapher für das Verwurzeltsein in der Heimaterde, in Eretz Israel.

Amichai wird denn auch seinem lyrischen Alter-Ego, Benjamin von Tudela, entsprechende Worte in den Mund legen:

*»Bialik, ein tapferer Ritter unter Olivenbäumen / schrieb keine Gedichte im Land Israel, denn er küsste / den Boden und wischte Mücken und Moskitos weg / mit seiner Schreibhand und putzte sich den Schweiß vom dichtenden Kopf / und im heißen Wind bedeckte er sein Haupt mit einem Taschentuch aus der Diaspora*[4]«. Damit bringt Amichai poetisch zum Ausdruck, wie wichtig ihm als Lyriker Bodenhaftung und Bezug zum wirklichen Leben waren. Für Amichai war es etwas Anderes, aus der Distanz der Diaspora mit romantischem Israelbild im Kopf formvollendete Verse zu machen – Bialik steht hier stellvertretend für die Exil-Lyriker – , als sich den Mühen und Gefahren im Land Israel selbst auszusetzen und aus den daraus gewonnenen Erfahrungen seine lyrische Essenz zu destillieren. Eine abgehobene, theoretisierende Lyrik gehörte nicht zu Amichais poetologischem Credo. Ganz im Gegenteil, die lyrischen Bilder müssen das »*Gerassel von Kettengliedern sein, die den Dichter mit dem Leben verbinden*«. Amichai beschreibt keine Geschichte aus dem Bilderbuch, keine Ideologien, keine Elfenbeintheorien, sondern Menschen aus dem wirklichen Leben. Sie sind Zentral- und Angelpunkt seiner Dichtung, und »*Erlösung wird erst kommen, wenn man ihnen sagt: Sehen Sie den Bogen dort drüben aus der Römerzeit? Er ist nicht wichtig, aber daneben, ein bisschen links und unterhalb davon, da sitzt ein Mann, der gerade Früchte und Gemüse für zu Hause gekauft hat*[5].« Diese Zeilen aus dem Gedicht *Touristen* bringen Amichais Poetologie kurz und knapp auf den Punkt. Darauf kam es ihm an, die Menschen darzustellen in ihrer Zeit, in ihrem tagtäglichen Bemühen, das Leben materiell und seelisch zu meistern. Deshalb wird der Lyriker sich »*Mund, Lippen und Zunge*

[4] Siehe das Gedicht *Die Reisen des letzten Benjamin von Tudela*
[5] Siehe das Gedicht *Touristen*

*schmutzig machen*«, deshalb gibt es in seinen Versen »*Seelenmüll, Lustunrat, Staub und Schweiß*[6]«.
Amichais lyrisches Credo verlieh seinen Gedichten Glaubwürdigkeit. Seine lyrische Kunstfertigkeit gab ihnen den Impuls, der beim Leser die Funken von Aha-Erlebnis und Glücksgefühl entfachen konnte, was sich darin zeigt, dass seine Lyrikbände in Israel rasch zu Bestsellern wurden. Bereits mit den ersten beiden Bänden »*Nun und an anderen Tagen*« (1955) und »*Zwei Hoffnungen entfernt*« (1958) hatte Amichai so haargenau die Gefühlslage seiner Zeit getroffen, dass er mit einem Schlag bekannt wurde. Bereits hier hatte er seinen unverkennbar autobiografisch untermauerten, poetischen Ton mit kurzen Sätzen und einprägsamen, kräftigen Bildern gefunden.
Auch außerhalb von Israel wurde Amichais Lyrik dank Daniel Weissbort und Ted Hughes, den Herausgebern der Literaturzeitschrift *Modern Poetry in Translation*, schon in einem vergleichsweise frühen Stadium seines Wirkens bekannt. So wichtig die Entdeckung Amichais Lyrik aber für den englischsprachigen Raum war, sie hätte wohl nie dauerhaft Weltgeltung erlangt, und ihr Autor wäre nicht mehrmals für den Literaturnobelpries vorgeschlagen worden, würde ihr nicht etwas ganz Besonderes, in dieser Art noch nicht Dagewesenes, eignen.
Tatsächlich hatte Amichai, der anfangs einer Gruppe junger israelischer Autoren nahestand, die sich Likrat nannte und eine Zeitschrift gleichen Namens herausgab [27, 37], schon bald seinen eigenen Ton gefunden, der ihn stilistisch und thematisch deutlich von den anderen Likrat-Dichtern abhob. Gemeinsam mit ihnen distanzierte er sich von der etablierten Dichtergeneration [2, 22, 26, 27] und wandte sich nach den ersten Gedichten, die noch von Tschernikowsky und

---

[6] Siehe das Gedicht *Wenn einer lange Zeit weg war von der Heimat*

Shlonsky beeinflusst waren [2], von deren schöntönender Schreibweise und den pathetischen Beschwörungen kollektivistischer Ideale ab. Stattdessen nahm er bereits in *Nun und an anderen Tagen* den einzelnen Menschen in seiner In-die-Welt-Geworfenheit in den Blick und ließ ihn als lyrisches Ich in schnörkelloser, klarer Sprache zu Wort kommen. Hier zeigte er, dass er einen neuen, persönlichen Ton gefunden hatte, und dass es ihm gelungen war, die hebräische Lyrik an die westeuropäische Moderne anzuschließen.

So finden sich in Amichais früher Lyrik Einflüsse von R.M. Rilke, T.S. Eliot, Dylan Thomas und W.H. Auden, später auch von den »Confessional Poets« J. Berryman und R. Lowell. Doch klingen auch Echos aus der klassischen Dichtung des »Goldenen Hebräischen Zeitalters« an. Besonders die Dichtung von Shmuel Hanagid, Jehuda Halevi und Ibn Gabirol hat Amichai für seine Lyrik nutzbar gemacht [3, 22, 25, 36]. Ausgestattet mit den poetischen Techniken der Moderne und den Möglichkeiten mittelalterlicher Metrik und Motivik schuf er seine ureigene Lyrik, deren Ton in der Literatur ebenso unverkennbar ist wie der Ton Mendelssohns in der Musik.

Metaphorisch durchwirkte Sätze und Similes werden über ein lyrisches Ich mit Figuren aus dem Tanach, dem Talmud, der jüdischen und griechischen Mythologie, aber auch mit Persönlichkeiten aus Geschichte und Politik verbunden. Dabei steht das lyrische Ich meist direkt im Zentrum des Geschehens [1, 2, 36]. Nicht selten schlüpft es in die Maske zeitgenössischer Personen oder historischer Persönlichkeiten. Diese Figuren, wie etwa der berühmte jüdische Reisende Benjamin von Tudela[7], fungieren als sog. Personae[8], durch die der

[7] Benjamin von Tudela (1130-1173) aus der nordspanischen Stadt Tudela war ein jüdischer Gelehrter und Weltreisender, der mehrere Sprachen beherrschte. Er unternahm ausgedehnte Reisen innerhalb Europas sowie nach Afrika und

Autor spricht, Kommentare abgibt, auf Widersprüche hinweist, parodiert oder versöhnt.

Dass Amichai in Israel eine begeisterte, durch alle Schichten gehende Leserschaft gewinnen konnte, hatte gewiss auch mit der großen Kunst zu tun, mit der er die Klang- und Assoziationsräume des Neuhebräischen durchmaß und mit der Welt des Althebräischen zu verweben wusste. Mit stilistischem Raffinement ließ Amichai Paradoxien in tiefgründigen Similes und multivalenten Concetti aufleuchten [2, 12, 17, 32]. Seine Lyrik ist durchdrungen von ungewöhnlich farbigen Metaphern. Als Meister der intertextuellen Anspielungen und Bezugnahmen auf die traditionellen Texte wie Tanach, Talmud, Midrashim und Seddur, eröffnet er durch wörtliche Zitate, Halbzitate oder Pseudozitate Assoziationsräume, die weit über die jeweilige säkulare Gedichtsphäre hinausreichen und die Bedeutung des Gedichts in einem typischen Amichai-Licht aufscheinen lassen [1-3, 11, 12, 14, 16, 17, 22, 32].

Dass Amichais Lyrik auf so große Resonanz traf, lag wohl vor allem an ihrer Authentizität und Glaubwürdigkeit. Da sprach ein Dichter zu seiner Generation, der Ähnliches wie diese erlebt und erfahren hatte, der in mehreren Kriegen Leib und Leben für seinen neuen Staat eingesetzt hatte. Da verlieh einer der zunehmenden Desillusionierung durch die aktuellen Umstände eine Stimme. Da sprach einer die Zweifel an der Tragfähigkeit eines schwer lastenden religiösen Erbes an, und da ließ einer all die Widrigkeiten des modernen säkularen Lebens im Prisma seiner Poesie mit ironischer Toleranz aufleuchten. Gedichte wie »*Ich will in meinem Bett zu Hause*

---

Asien. Sein Reisebericht ist eine wertvolle Quelle für die Ethnografie des Mittelalters.

[8] In der Antike hielten sich die Schauspieler eine Maske vors Gesicht und sprachen durch diese zum Publikum. Persona bedeutet hier also das Durch-die-Maske-Sprechen (»per-sonare«).

*sterben«* oder »*Gott hat Erbarmen mit Kindergartenkindern*«, die den zu zahlenden Preis von Kampf und Krieg beschreiben, Gedichte wie »*Ich wartete auf die Schritte meines Mädchens*«, das die Liebe in Zeiten von Krise und Krieg thematisiert, oder Gedichte wie »*Und dies ist dein Ruhm*«, das traditionelle Wertevorstellungen parodiert, waren damals in Israel so populär wie Schlagersongs, und nicht wenige junge Männer und Frauen hatten sie bei ihrer Einberufung an die Front im Marschgepäck.

Die zeitlose Modernität und Wirkmächtigkeit von Amichais Lyrik über die Grenzen Israels hinaus liegt gerade darin begründet, wie Amichai auf die großen Menschheitsthemen von Krieg, Verlust, Vertreibung, Eros, Liebe, Trauer und Tod in seinen Gedichten eingeht, welche Fragen er stellt, welche Antworten er findet, welche Lösungen er formuliert. Dass große Lyrik nicht im luftleeren Raum entsteht, sondern durch das Leben geschrieben wird, zeigt sich gerade auch bei Amichai, dem seine Themen quasi auf den eigenen Leib geschrieben waren.

Entwurzelung und die damit verbundene Suche nach Identität sind das zentrale Thema seiner Lyrik. Entwurzelung durch Verlust hat er vielfältig erfahren: Entwurzelung durch die Flucht mit der Familie nach Palästina und dadurch Verlust der Welt seiner Kindheit, seiner Muttersprache, seines sprachlichen Denk- und Fantasieraums, aber auch seiner vielen Freunde, darunter der engen Vertrauten und Jugendfreundin Ruth Hanover. Der Verlust der »Kleinen Ruth«, die später trotz ihrer Flucht nach Holland auf tragische Weise ins Vernichtungslager kam und dort ermordet wurde, wird Amichai zeitlebens verfolgen. In den Elegien wie *Lieder der Hitze* oder *Kleine Ruth* hat er ihr ein bleibendes Denkmal gesetzt.

Später in Palästina wird Amichai als junger Mann dann den Verlust von alten Wertvorstellungen und Glaubensgewissheiten erleiden und sich geistig von seinem Vater und seinem orthodoxen Glauben entfernen. Dies wird in ihm ein dauerndes Schuldgefühl hinterlassen: »*Sein früher Tod ist das erhobene Messer über mir*[9]«. Es resultiert das fast zwanghafte Bedürfnis, den Vater und seine Beziehung zu ihm und seinem Glauben in vielen Gedichten immer wieder zu thematisieren.

Als Student lernt Amichai seine erste große Liebe kennen – und wird sie gleich wieder verlieren. Mit ihr, der Geliebten, die auch aus Deutschland stammte und ebenfalls Ruth hieß, hatte sich Amichai gerade neu definiert und den Namen Pfeuffer gegen dem Namen Amichai ausgetauscht, als sie ihn aufgrund eines Stipendiums Hals über Kopf in Haifa zurückließ, um in die USA zu gehen und nicht mehr zu ihm zurückzukehren. Immerhin verdanken wir dieser intensiven Beziehung den wunderbaren Sonett-Zyklus Binjamina und eine Serie von Briefen und Tagebüchern, die Amichai teilweise in Deutsch, seiner *Sprache der Seele*, wie er die Muttersprache nannte, verfasst hat[10].

Als sich die kriegerischen Auseinandersetzungen verschärften, die zwischen der jüdischen und arabischen Bevölkerung immer wieder aufgeflackert waren, und schließlich in den Krieg mündeten, der als Israels Unabhängigkeitskrieg in die Annalen eingehen sollte, musste Amichai als Mitglied der Palmach direkt an Kampfhandlungen teilnehmen, anders als im Zweiten Weltkrieg, den er als Soldat einer britischen Brigade fern ab von Gefechten erlebte [36]. Dabei erlitt er wieder einen Verlust: Sein Freund Dicky wurde neben ihm im Einsatz von einem Geschoss tödlich verwundet. In mehreren

---

[9] Siehe das Gedicht *Jom Kippur. Abend. Mein Vater*

[10] Siehe Nili Scharf Gold, 2008 [36]

Gedichten, u.a. in den *Sieben Klagen über die Gefallenen*, wird er dieses traumatische Erlebnis bearbeiten.
All die erlittenen Verlust- und Abschiedserfahrungen spielt Amichai in seiner Lyrik in mannigfaltigen Variationen immer wieder durch. Dabei schickt er sein lyrisches Ich, das man besser als »lyrische Ichs« bezeichnet, permanent auf Identitätssuche. Sie sind ständig unterwegs, immer auf Reisen, mal als Jehuda Halevi, mal als Ibn Gabirol oder Benjamin von Tudela, mal als Liebespaar, als Soldat, oder als ein altes Elternpaar, häufig auch als anonymer Beobachter. Die Reisen dieser Alter-Egos führen durch Raum und Zeit, durch wirkliche Länder, wie Israel, Italien, Deutschland, die USA oder durch fiktive Traum- und Fantasieländer. Sie führen durch die Jetztzeit und durch die Vergangenheit oder in eine weit entfernte Zukunft. Gemeinsam ist all diesen Aufbrüchen und Ankünften, dass sie immer auch durch das Land der Erinnerung (*Zechirah*) gehen und die Wüste des Vergessens (*Shechikhah*) durchqueren. Gemeinsam ist all diesen Reisen, dass sie wie Jehuda Halevi ihre »*Seele nach Jerusalem bringen, aber in der weißen Faust des Gehirns die dunklen Samenkörner ihrer glücklichen Kindheit halten*[11]«.
Die vielen Reisen, Abschiede und Aufbrüche, die Amichai seinen lyrischen Personae aufbürdet, sind eindringlich und lyrisch innovativ in Gedichten wie *Lebewohl, Die Wanderungen meiner Eltern, Die Reisen des letzten Benjamin von Tudela* oder *Die Bibel und du, die Bibel und du, und andere Midrashim* geschildert, so dass man beim Lesen förmlich die übereilte Hast und die vibrierende Verzweiflung der Aufbrechenden und Abschied Nehmenden spürt. All dieses Abschiednehmen und Sich-wieder-auf-die-Reise-machen, das immer nur dem einen Ziel dient, irgendwo anders Fuß zu fassen, sich irgendwo anders zu verwirklichen, irgendwo an-

[11] Siehe das Gedicht *Jehuda Halevi*

ders eine neue Identität zu finden, reflektiert nicht nur das individuelle Schicksal des Lyrikers, sondern seines ganzen Volkes, das sich auch ständig auf Wanderung, auf der *jüdischen Wanderung* befindet, »*die nicht wie bei Zugvögeln wegen Sommer und Winter erfolgt, sondern wegen der Sehnsucht der Seele*[12]«.

Trotz oder vielleicht gerade wegen der düsteren Kriegserlebnisse und der damit verbundenen Traumata und Verwerfungen hat Amichai immer auch Liebesgedichte geschrieben. Wie ein heller Kontrapunkt heben sich diese Gedichte ab vom elegischen Ostinato der Kriegs- und Todesthematik. Schließlich dominieren die Liebesgedichte, die vor allem die körperliche, erotische Seite betonen, sogar quantitativ seine Lyrik, so dass man ihm, zu seinem Missfallen, das Etikett, ein »Liebeslyriker« zu sein, verliehen hat [2]. Bei genauer Betrachtung haben viele Liebesgedichte ja einen durchaus politischen Subtext [1,2, 22, 26]. Amichai selbst sah seine Rolle als »politischer« Schriftsteller zwar eher ironisch: »*Und im Sommer versuchte ich, mich in die Politik einzumischen / in die Fragen meiner Zeit/.../ich versuchte in meine Zeit zu gehen, um Bescheid zu wissen / aber ich kam nicht weiter als bis zu dem Körper der Frau neben mir*[13]«. Das hinderte ihn aber nicht daran, sich immer wieder erotischer Metaphern und Bilder zu bedienen, um politisch-historische oder politisch-aktuelle Problemfelder subversiv zu bedichten und auf Paradoxien hinzuweisen.

Amichai war im besten Sinne des Wortes ein engagierter Lyriker. Allerdings nicht im Sinne eines Agitprop-Dichters, sondern im Sinne eines »säkularen Psalmisten[14]«, der mithalf, den Bedeutungsverlust der religiösen Werte des traditionel-

---

[12] Siehe das Gedicht *Jüdische Wanderung ...*

[13] Siehe Gedicht *Die Reisen des letzten Benjamin von Tudela*

[14] James Wood, 2016 [40]

len Judentums in die säkulare Realität des Zionismus nach der Shoah einzubetten und umzudeuten. Obwohl Amichai die Shoah [2, 13, 31] in seinen Gedichten selten direkt anspricht, wie etwa in *Ich war keiner der sechs Millionen*, *Kleine Ruth*, oder *Götter wechseln, Gebete bleiben für immer,* liegt dieses Thema doch wie eine dunkle Patina besonders über seiner mittleren und späteren Lyrik. Das Alterswerk, wie es im letzten Lyrikband *Offen – Verschlossen – Offen* niedergelegt ist, besteht nicht nur aus tiefgründigen philosophisch-theologischen Meditationen, sondern kreist letztlich um die durch Auschwitz neu aufgeworfene Theodizee-Frage.

Amichai hat als Lyriker die jüdische Perspektive nie aus den Augen verloren, aber er hat sie auch immer wieder transzendiert und die אֲחֵרוּת (Acheruth), die Andersartigkeit, die Anderen mit einbezogen. Und er hat so die Conditio humana des modernen Individuums aus seinem facettenreichen Blickwinkel, der den Menschen und die Liebe vor jede Ideologie stellt, wie ein »Moderner Psalmist« neu definiert. Dadurch erreicht sein literarisches Werk nicht nur seine berührende Wucht, sondern auch zeitlose Gültigkeit für alle Menschen und, um es mit den Worten Chana Blochs zu sagen, es »zivilisiert unsere Herzen und erinnert uns daran, dass auch eine Faust einmal eine offene Hand war[15]«. Aber überlassen wir Jehuda Amichai das letzte Wort: »Wenn es ein gemeinsames Thema in meinen Gedichten gibt, dann ist es außer ihrer authentischen Verbindung zu meinem Leben, meiner Zeit und meinem Ort, der Wunsch, dass meine Gedichte heilen und trösten mögen, ohne dass ich lüge oder vorgebe glücklich zu sein oder zu leiden[16]«.

---

[15] Anspielung auf Amichais Lyrikband *Auch eine Faust war einmal eine offene Hand und Finger*

[16] Amichai Papers, Beinike Archive, Yale University, New Haven, CT, USA

# Anmerkungen zu den Gedichten

*Abendspaziergang im Tal der Geister*

*Tal der Geister*: ist die wörtliche Übersetzung des Straßennamens *Emek Rephaim*, der Hauptstraße der deutschen Kolonie, einer Wohngegend im westlichen Jerusalem.

*Achziv-Gedicht*

*Achziv*: → Glossar.

*Als ich jung war*

*Das Gesicht von 1946*: Der zweite Weltkrieg war 1945 zu Ende gegangen, der arabisch-israelische Krieg von 1947-49 (sog. Unabhängigkeitskrieg) hatte noch nicht begonnen.

*Am Strand von Aschkelon*

*Asckelon:* Askalon, Stadt im südl. Israel, nördlich von Gaza-Stadt an der südöstlichen Mittelmeerküste. Am südlichen Stadtrand liegt ein archäologischer Park mit den Ruinen der antiken Siedlung. Das antike Aschkelon war eine der insgesamt fünf Philister-Städte an der Mittelmeerküste.

*Samson:* biblischer Held des Stammes Dan. Blieb für die Philister unbesiegbar, solange er sein Haupthaar ungeschoren ließ. Erst als er dieses Geheimnis seiner philistinischen Frau Dalila verriet, die es an ihre Landsleute weitergab, wurde er gefangen genommen, geblendet und geschoren. Als sein Haar wieder wuchs, erlangte er noch einmal seine Kraft, brachte einen Philistertempel zum Einsturz und riss 3000 Philister mit sich in den Tod. (Richter 13,1-16,31).

*Auf der breiten Treppe …*

*Shoshanah* (שושנה: Rose, Lilie)*:* hebräisch für Susanne.

*Bedouinenliebe*

*Meschugge*: משוגע: verrückt.
*Kaddisch*: Totengebet→Glossar.

*Begegnung mit dem Vater*

*Karmel* (כרמאל: Weinberg Gottes) ist ein Gebirgszug im Norden Israels.

*Oktober 1947*: Die Zeit, bevor die UN-Generalversammlung am 29 November 1947 dem Teilungsplan für Palästina zugestimmt hatte.
Am 30. November 1947 begann der Israelische Unabhängigkeitskrieg, der *1948* zu Gunsten Israels entschieden wurde. Einzelne Kampfhandlungen (arabische Angriffe) dauerten jedoch bis 1949.

*Benzingeruch steigt mir die Nase hoch*

Gemeint ist der *Benzingeruch* von Panzern. Das Gedicht wurde um die Zeit des →Suez-Feldzugs geschrieben; an dem Amichai teilnahm.

Der *Etrog* ist eine Zitronenart, die in der Liturgie des Laubhüttenfest (Sukkot) verwendet wird. Der Etrog muss dafür unversehrt und makellos sein. Zum Schutz wird er deshalb in weiche Tücher gewickelt.

Der Vers in der letzten Strophe: »*ein Düsenjet macht Frieden im Himmel*« spielt an auf das israelische Volkslied

*»Oseh shalom«, »ER, der Frieden macht in Seiner Höhe, bringe Frieden über uns und ganz Israel.«*

*Der Abend liegt am Horizont*

*Die dritte Strophe »**Ein kleiner Junge sitzt .... sein Königreich ist das Königreich der Ewigkeit**«* spielt auf das jüdische Nachtgebet an.

*Der Ort, an dem ich nicht war*

Die dritte Strophe spielt auf das 2. Buch Moses 34,1 an, wo Moses die Gesetzestafeln mit u.a. den Zehn Geboten zerbricht und neue Tafeln beschriftet.

*Der wahre Held der Akkedah*

Das Gedicht steht im Kontext des Libanon-Krieges (→Glossar), der bei Israels Zivilbevölkerung äußerst unbeliebt war. Viele Autoren kritisierten den Krieg mit den biblischen Metaphern von Genesis 22:9 und 22:13. ***Akkedah**→Glosar.*

*Shofaroth:* Mhrz. von **Shofar** (שופר: Widderhorn), ein Blasinstrument, das in der Liturgie hoher relig. Feiertage benutzt wird. Poetisch hat es auch die Bedeutung einer Fanfare.

*Die Bibel und du ...*

*Midrasch* (מדרש, Suche): Ein Genre rabbinischer Literatur, das Interpretationen und Kommentierungen schwieriger Passagen aus der Torah enthält.

Der Brunnen von ***Harod*** wurde in biblischer bis in jüngste Zeit als militärisches Aufmarsch- und Trainingsgebiet genutzt. Das Gedicht ist eine Anspielung auf den Wassertest (*Richter 7:4-3*), mit dem Gideon seine Soldaten auswählte. Dort ist auch der ***Traum vom runden Brot*** beschrieben.

*Die Sprache der Liebe und Tee mit gerösteten Mandeln*

***Akko*** ist eine Stadt im nördlichen Galiläa. Nach der israelischen Unabhängigkeitserklärung 1948 wurde Akko von der ***Hagana*** (→Glossar) besetzt. Akko ist im Tanach (Richter 1,31) als einer der Orte erwähnt, bei denen es den Israeliten nicht gelang, die dort lebenden Kanaaniter zu vertreiben.

*Dies ist die Geschichte vom Staub*

Dieses Gedicht ist ein Paradebeispiel für die Technik der Juxtaposition antagonistischer Motive, die Amichai oft verwendet, wenn die doppelte Identität des lyrischen Ichs angedeutet werden soll. Wenn es etwa um die Beschreibung der Spannungsfelder geht, die seine eigene Biografie definieren, wie Deutschland – Israel, Orthodoxie – Abfall vom Glauben, Liebe – Tod aufbauen [2].

Die zweite Strophe evoziert Psalm 126:5: *»Die mit Tränen säen, werden mit Freuden ernten«.*

*Eines Abends versuchte ich, mich zu erinnern*

***Ashdod*** *→ Glossar.*

***»Er starb in seinen Armen«*** ist eine Anspielung auf Goethes Gedicht *»Der Erlkönig«*. Dessen letzter Vers lautet: *»In seinen Armen das Kind war tot«.*

*»Das Gras steht wieder auf«* ist ein Vers aus Goethes Gedicht *»Harzreise im Winter«.*

*Einst schrieb ich Nun und an anderen Tagen …*

*«Nun und an anderen Tagen«* ist ein Selbstzitat und bezieht sich auf den Titel von Amichais erstem Lyrikband.

*Tel Gath* wird im Tanach (1 Sam 27,2-9) erwähnt als die Stadt, aus welcher der riesenhafte Philister Goliath stammte. Dort befand sich ein muslimischer Friedhof aus der Zeit der Kreuzfahrer. Er bestand bis 1948.

*Ruth*: gemeint ist Ruth Hanover aus Würzburg → *Lied der Hitze*.

*Ende der Ausgrabungssaison in Ein-Gedi*

*Ein-Gedi*: wasserreiche Oase und Kibbuz im nördlichen Teil der Negev-Wüste. Archäologen fanden dort mehrere Siedlungsschichten aus vor- und nachchristlichen Epochen. Eine der ausgegrabenen Siedlungen wurde 68 n. Chr. im Jüdischen Krieg durch die Römer zerstört. Darauf spielt das Gedicht an.

*Es ist lange her, dass man fragte*

Das Gedicht spielt kritisch auf die Vertreibung der etwa 750000 Araber (*Nakba* →Glossar) aus dem damaligen britischen Mandatspalästina während des israelischen Unabhängigkeitskrieges an.

*Gewohnheitsgesänge*

*Rabenmenschen*: bezieht sich auf die ultraorthodoxen Juden, die die schwarze Kleidung der mittelalterlichen osteuropäischen Ghettos tragen. Ultraorthodoxe Juden wenden sich oft ziemlich rabiat gegen das, was sie als Entweihung der Toten betrachten.

*Mea Shearim*: (»Hundert Tore«) ist eines der ältesten Stadtviertel Jerusalems außerhalb der Altstadt und hauptsächlich von ultraorthodoxen Juden bewohnt.

***Gott ist voll der Gnade*** Der Gedichttitel ist Teilzitat und Anspielung auf den Eingangsvers des jüdischen Totengebetes (*Kaddisch*→Glossar): »*Herr, voll der Gnade, der du in der Höhe weilst*«.

***Große Ruhe: Fragen und …*** Der Titel bezieht sich auf die von gelehrten Rabbis geschriebenen Antworten auf Fragen von Gemeindemitgliedern zu Angelegenheiten des jüdischen Lebens.

***Haydn, Opus 76, Nr. 5*** Der Titel des Gedichts bezieht sich auf ein spätes Streichquartett von Haydn, das nicht nur von der klassischen Sonatenhauptsatzform abweicht, sondern auch ganz vom zweiten Satz dominiert wird, der zwischen D-Dur und d-Moll schwankt. Dieser Wechsel zwischen harter und weicher, heller und dunkler Tonalität deutet die Gefühlslage des lyrischen Ichs also schon im Titel an.

*»Rauch der keine Tränen brachte«*: Anspielung auf die nationalsozialistischen Vernichtungslager.

*Herodion*

Herodion ist eine unter König Herodes (73-4 v. Chr.) errichtete Festungs- und Palastanlage südlich von Jerusalem, im heutigen Westjordanland gelegen. Die Anlage wurde 71 n. Chr. von einer römischen Legion zerstört.

*Ibn Gabirol*

Schlomo Ibn Gabirol (1021 n.Chr. in Málaga, 1070 in Valencia) war ein berühmter jüdischer Lyriker und Philosoph des »Goldenen Zeitalter« der hebräischen Literatur«. Gabirols Lyrik verwendet teils arabische Versmaße. Sie genoss schon im Mittelalter hohe Wertschätzung. Seine neuplatonisch inspirierte Philosophie beeinflusste sogar christlich-scholastische Kreise. Seine Kritikneigung und seine unkonventionellen Ansichten brachten ihn aber oft in Konflikt mit einflussreichen Persönlichkeiten und führten zu Spannungen mit der jüdischen Gemeinde.

In diesem Gedicht schlüpft das lyrische Ich Amichais in die Maske des historischen Ibn Gabirol und beschreibt so seine Entfernung vom Gott seines streng jüdisch-orthodoxen Vaters.

*Ich habe aus dem Buch Esther …*

Das Buch *Esther* gehört zu den Ketuvim (Schriften) des Tanach.

*Jeremiah* ist neben Jesaja und Ezechiel einer der drei großen Schriftpropheten des Tanach.

Das ***Hohe Lied***: Das Lied der Lieder von Salomon.

***Kohelet***: →Glossar.

Die Bücher Esther, Lied der Lieder und Kohelet gehören zu den Megilloth (Festrollen).

Im Buch ***Hiob*** (Ijob) werden die Leiden des Hiob beschrieben.

***Genesis*** (Bereshit) ist das 1. Buch Mose im Tanach. Es beginnt mit der Schöpfung der Welt und reicht bis zum Aufenthalt der Söhne Jakobs in Ägypten.

***Ich habe Tote***

Das » ... ***Tote, die in der Luft begraben sind*** ... « im ersten Vers der ersten Strophe spielt auf die Verbrennung der in den Vernichtungslagern Getöteten an, steht also symbolisch für Auschwitz und die Shoah.

***Ich war keiner der sechs Millionen***

Die „***sechs Millionen***" sind eine Anspielung auf die in der *Shoah* (→ Glossar) ermordeten Juden.

***Auszug aus Ägypten:*** Anspielung auf das 2. Buch Mose 12:37, wo für den Auszug der Israeliten aus Ägypten die Zahl von 600 000 »kräftigen Männern zu Fuß« angegeben wird.

*Feuer- und Rauchsäulen:* Anspielung auf 2. Buch Mose 13:21.

*Mondjahr:* Im jüdischen Kalender sind die Monate an den Mondphasen ausgerichtet und beginnen, einfach gesprochen, bei Neumond.

*Sonnenjahr:* Der gregorianische Kalender basiert auf den Sonnenphasen.

*Achziv*: Stadt an der nördlichen Küste Israels, unweit der libanesischen Grenze. 1946 versuchte die jüdsiche Widerstandsbewegung die Eisenbahnbrücke von Achziv zu sprengen («*Nacht der Brücken*«), wobei 14 Soldaten ums Leben kamen.

*Caesarea*: Stadt am Mittelmeer zwischen Tel Aviv und Haifa und nördlich der antiken Stadt Caesarea Maritima, die von König Herodes gegründet und zu Ehren des damaligen römischen Kaisers Augustus Caesarea benannt wurde.

*Ich will in meinem Bett zu Hause sterben*

Das Gedicht entstand 1958, geht thematisch aber auf 1948 zurück und reflektiert Amichais zwiespältige Einstellung zum Krieg. Er sah es einerseits zwar als seine Pflicht an, sein Land zu verteidigen, er verabscheute aber jeden Hurra-Patriotismus und hatte gemischte Gefühle den vielen Kampfeinsätzen gegenüber: »*I hate heroic vanity and gallows humor«.*[17]

*Jehoshua*: Israelit. Heerführer. Das Buch Jehoshua beschreibt die Eroberung und frühe Besiedlung Kanaans durch die israelitischen Stämme von der Zeit nach dem Tod Moses bis zum Tod von Jehoshua.

***»Sonne, Achtung dort bei Gibeon! …*** « (3. Strophe) ist eine Anspielung auf *Jehoshua 10:13*, wo es heißt: »*Sonne stehe still über Gibeon …* «.
***Samson*** (→*Am Strand von Aschkelon*): Anspielung auf Richter 14-16.

*In der Altstadt*

*Chalvah*: süßer orientalischer Konfekt.

*Jakob und der Engel*

Die Begegnung und der Kampf Jakobs mit dem Engel (*Genesis 32:22-31*) werden umgedeutet zu einem Liebesgedicht, das seines religiösen Inhaltes entkleidet, eine zufällige, namenlose erotische Begegnung zwischen Mann und Frau schildert. Gegen Ende des Gedichts wird ein Zitat, das auf einen während des Sinai-Feldzugs populären Song anspielt, einmontiert: »*Hu lo jada' et shmah … :Er kannte ihren Namen nicht, aber dieser Zopf war den ganzen Weg lang mit ihm«.*[18]

*Jehuda Halevi*

Jehuda oder Judah Halevi (Ha-Levi)

[17] Zit. nach Nili Scharf Gold (2008)
[18] Zit. nach Ch. Kronfeld (1989)

war ein spanisch-jüdischer Arzt, Dichter und Philosoph. Er ist zwischen 1055 und 1086 in Tudela (möglicherweise auch in Toledo) geboren und kurz nach seiner Ankunft im Heiligen Land 1141 gestorben. Er war der fruchtbarste Literat des »Goldenen Zeitalters« und gilt heute als der bedeutendste hebräische Dichter des Mittelalters. Von ihm sind etwa 800 Gedichte bekannt, ein Großteil davon Liebes-, Lob- und Klagelieder. Am berühmtesten sind seine Zionslieder.

In diesem Gedicht schlüpft Amichais lyrisches Alter-Ego in die Maske des Jehuda Halevi und vergleicht sich mit diesem u.a. was seinen Transfer von Europa nach Israel angeht.

*Jerusalem*

Das Gedicht wurde 1958 geschrieben und bezieht sich auf Jerusalem vor 1967, als die Stadt noch in einen jüdischen West- und einen arabisch-jordanischen Ostteil gespalten war. Die ***Altstadt*** gehörte damals zum Ostteil Jerusalems.

*Jerusalem 1967*

Im sog. Sechstagekrieg von ***1967*** eroberte Israel Ostjerusalem, so dass die beiden bis dahin getrennten Teile von Jerusalem unter israelischer Kontrolle vereinigt wurden.

***Jehuda Halevi*** →*Jehuda Halevi.* Die Verse 4-5 der ersten Gedichtstrophe spielen an auf den Eingangsvers von Halevis bekanntestem Gedicht: »*Mein*

*Herz ist im Osten und ich bin am Ende des Westens«.*

*70 nach:* Zerstörung Jerusalems im ersten jüdischen Krieg durch die Römer unter dem spätere Kaiser Tiberius.

***1917 wurde die Balfour-Deklaration unterzeichnet.*** In ihr verpflichtet sich die Britische Regierung wegen der jüdisch-amerikanischen Hilfe im Ersten Weltkrieg, dem jüdischen Volk einen Teil des von Großbritannien verwalteten Palästinas (sog. Mandatspalästina) als jüdisches Heimatland zuzugestehen.

***Fünfhundert vor***: bezieht sich auf die Verschleppung der Jerusalemer Oberschicht in Babylonische Gefangenschaft.

*1948*: Israelischer Unabhängigkeitskrieg und Gründung des Staates Israel.

*Machpelah:* In der Höhle von Machpelah in Hebron befinden sich nach jüdischer Überlieferung die Ruhestätten der drei Erzväter Abraham, Isaak, Jakob und ihrer Frauen Sarah, Rebekka und Lea.

***Mene mene tekel …*** :Anspielung auf Daniel 5,4 und 5,25; →*Zugfahrt.*

*Jerusalem, warum*

***König David*** war laut Bibel (1. und 2.

| | |
|---|---|
| *Jerusalem?* | Buch Samuel, 1. Buch der Könige u. dem 1. Buch der Chronik) König von Judah und als Nachfolger Sauls zeitweise auch von Israel. Er lebte um 1000 v. Chr. und gilt als Verfasser zahlreicher Psalmen (Davidpsalmen). |
| | *»Sie waren nackt und schämten sich nicht«* verfremdetes Bibelzitat, das auf Genesis 2.25 anspielt, wo es heißt: *»Und der Mann und die Frau waren nackt und schämten sich nicht«.* |
| *Jerusalems Selbstmordversuche* | Am ***neunten AW*** 940 v.Chr. wurde der erste Tempel in Jerusalem durch die Babylonier, am neunten AW *70 n.Chr.* wurde der zweite. Tempel in Jerusalem durch die Römer zerstört. AW ist im jüdischen Kalender der fünfte Monat des Jahres. Er fällt im gregorianischen Kalender in die Zeit von Juli und August. |
| *Jom Kippur. Abend. Mein Vater* | ***Jom Kippur*** (Tag der Sühne) ist der höchste jüdische Feiertag.<br>***Akkedah*** → Glossar. |
| *Jüdische Wanderung* | ***Jehuda Halevi:*** *→Jehuda Halevi* und *Jerusalem 1967.* |
| | ***Freud***: gemeint ist der Arzt Dr. Sigmund Freud (1856-1939), der Schöpfer der Psychoanalyse. |
| *Jungdavid* | Das Gedicht ist eines der pointiert politischen Gedichte Amichais und muss vor dem Hintergrund des arabisch-israelischen Konfliktes gelesen |

werden. Zentrales Merkmal ist die Anspielung auf den in *Samuel I, 17* geschilderten Kampf zwischen den Philistern und den Israeliten. Die Bedeutung der Aussage der biblischen Geschichte wird durch Auslassung der wesentlichen Aspekte der bibl. Geschichte umgedeutet Diese stellt die damals in Israel vorherrschende Ansicht in Frage, jeder Sieg Israels über die Araber sei gleichzusetzen mit dem gottverholfenen Sieg des jungen Davids über Goliath[19].

Die ***Blutvögel***, die sich über die Leiche Goliaths hermachen, sind eine Umdeutung der »Himmelsvögel«, mit denen Goliath in der biblischen Geschichte die Israeliten vor dem Kampf einzuschüchtern versucht.

*Kleine Ruth*

Das Gedicht schrieb Amichai am Abend von Chanuka 1990. Aus seinen Tagebüchern wissen wir, dass es sich bei der *Kleinen Ruth* um seine Würzburger Jugendfreundin Ruth Fanny Hanover handelt. Sie wurde als Tochter von Rabbi Siegmund Shimon Hanover und seiner Frau Klara geb. Deutsch 1923 in Würzburg geboren. Aufgrund eines körperlichen Handicaps wurde ihr die Immigration in die USA und in das damals noch britische Palästina verweigert. Es gelang ihr, sich eine Zeit lang in Amsterdam zu verstecken. 1940 wurde Ruth in das

---

[19] [DC Jacobson, Detroit, 1996

niederländische Durchgangslager Westerbork verschleppt und von dort in das Vernichtungslager Sobibor deportiert, wo sie 1943 ermordet wurde[20]. Die Erinnerung an Ruth ließ Amichai sein Leben lang nicht los. Er nannte sie »*Meine Anne Frank*«.

***Lebewohl*** — Dritte Strophe: Der Vers »***Denn alles kam durch unser Wort, profanes Wort***«: bildet im Hebräischen ein raffiniertes Wortspiel: »שהכל היה בדברינו, שהכל של חול« (»*she hachol haiah bedvarim, shehachol shel khol*«), das man auf zweierlei, ganz unterschiedliche Weisen übersetzen kann: »*Denn alles kam durch unser Wort, profanes Wort*« oder »*Denn alles kam durch unser Wort aus Sand*«. Wenn man das Wortspiel als ein Halbzitat des jüdischen Fruchtsegens interpretiert [4], wäre » חול, *khol*«, das sowohl »Sand« als auch »profan« bedeuten kann, sinnvollerweise mit »profan« zu übersetzen. Jede der Übersetzungsvariante verändert den Sinn der Strophe ganz erheblich.

***Letzte Nacht auf dem Boulevard*** — Das ganze Gedicht ist eine Anspielung auf und eine ironische Zitatverfremdung des jüdischen Nachtgebets.

***Liebesgaben*** — »*Ich bettete dich auf Äpfel*« Anspielung auf Das »Lied der Lieder«, das »Hohe Lied Salamons«.

[20]http://www.yadvashem.org/yv/en/exhibitions/communities/wurzburg/legacies.asp

| | |
|---|---|
| *Lied der Hitze Nr.6* | *»Die kleine tote Ruth«:* Amichais Jugendfreundin aus Würzburg →*Kleine Ruth.* |
| *Mein Vater, mein König* | Der Gedichttitel und der refrainartig wiederholte Beginn von Strophe eins und zwei: *»Mein Vater, mein König«* ist ein abgeändertes Zitat aus der Amidah, dem stehend gesprochenen Kerngebet des jüdischen Gottesdienstes. |
| *Meiner Eltern Bleibe* | *Ibn Ezra*: 1092-1167 n.Chr. stammte, ebenso wie Jehuda Halevi (→*Jerusalem 1967*) aus Tudela (Spanien) und war ein jüdischer Gelehrter und Schriftsteller. |
| *Namen von Namen …* | *Jehuda Maccabi* (Judas Maccabaeus) war Anführer des jüdischen Aufstands gegen die seleukidische Besatzung Israels 159-158 v. Chr. |
| *Offenbarung* | Ironischer Bezug auf Exodus 18-24. |
| *Offenbarung auf dem Sinai* | Die bekannte biblische Sinai-Erzählung aus Exodus 18-20 wird in diesem 1975 veröffentlichten Gedicht mittels Concetto-Technik zu dem Klassenraum des lyrischen Ichs in Verbindung gesetzt, wobei als Bindeglied der beiden Assoziationsräume (Bibel und Schule) das Wort „Tafel“, das wortspielerisch verwendet wird, fungiert.<br><br>Die letzten Gedichtzeilen sind ein |

verändertes Zitat der biblischen Zeilen: *„Alles, was der Herr gesprochen hat, wollen wir tun und ihm gehorchen*“ (Exodus 24:7). Sie konfrontierten den traditionellen Wert der religiösen Pflichterfüllung mit den modern-säkularen Werten.

*Sechs Gesänge für Tamar*

Die in diesem Gedichtzyklus gefeierte erotische Liebe widerspricht der pessimistischen Weltsicht von ***Kohelet*** *(→Glossar)*. Die Psalmen jubilieren, und Kohelet muss seine skeptischen Sätze, einen nach dem anderen, zurücknehmen und ausradieren, denn es ist »alles möglich«.

*Seit damals*

Das Gedicht ist stark autobiografisch gefärbt. Im Zentrum stehen der Tod eines Freundes von Amichai in der Schlacht und die Auswirkungen des israelischen Unabhängigkeitskrieg (→Glossar) auf das Leben der sog. Palmach-Generation (→*Palmach*).

***Ashdod:*** *→Sieben Klagen für die Gefallenen.*

***Negbah:*** Kibbutz in Südisrael bei Aschkelon. Im 1948-Krieg unter starkem Beschuss von ägyptischen Einheiten.

***Jad Mordechai:*** *→Sieben Klagen für die Gefallenen.*

*Sieben Klagen für die Gefallenen*

***Jaffa-Tor***: eines der acht Tore in der Stadtmauer um die Jerusalemer Altstadt.

*Ashdod*: Im israelischen Unabhängigkeitskrieg war Ashdod stark umkämpft, denn ägyptische Truppen konnten bis dorthin vordringen. Das arabische Dorf wurde während des Krieges zerstört.

*Jad Mordechai*: 1943 gegründeter Kibbutz; nach dem Anführer des Aufstands im Warschauer Ghetto Mordechaj Anielewicz benannt.
Jad Mordechai spielte eine wichtige Rolle im israelischen Unabhängigkeitskrieg von 1948. Ein Denkmal erinnert heute an diese Schlacht.

*Chuleikat*: Arabisches Dorf, das im 1948-Krieg stark umkämpft war und schließlich von einer jüdischen Brigade in der Operation Joav eingenommen wurde.

*»So, als schritten sie über zerbrochenes Glas«*: Anspielung auf die jüdische Hochzeit, bei der ein Glas zerbrochen wird, um an die Zerstörung des zweiten Tempels in Jerusalem zu erinnern.

*»Ein toter Soldat schwimmt zwischen den kleinen Köpfen«:* In Israel werden die Toten nach der siebentägigen Totenwache, in ein Leichentuch gewickelt, zu Grab getragen. Durch das Tragen des Toten scheint es, als schwimme er zwischen den Köpfen der Träger.

Die *»Frauenkleider in Blau und Weiß«* symbolisieren die Farben Israels.

*Touristen*

Dieses Gedicht sticht durch eine formale Besonderheit ins Auge: Es ist eine Kombination aus einem lyrischen Abschnitt (Strophe 1) und einem Prosaabschnitt (»Strophe« 2).

*Jad-Vashem*: Holocaust-Weltgedenkstätte in Jerusalem.

*Rachel:* Rachel Bluwstein (1890-1931): eine in Russland geborene jüdische Dichterin und Zionistin.

*Herzl:* Theodor Herzl (1860-1904): österreichisch-ungarischer Jude, der Schriftsteller, Publizist und Journalist war. 1896 veröffentlichte er das Buch *Der Judenstaat*. Gilt als einer der Hauptbegründer des politischen Zionismus.

*Ammunition Hill:* ein Jordanischer Militärposten im nördlichen Teil von Ost-Jerusalem, wo im Sechstage-Krieg eine der erbittertsten Schlachten tobte. Heute befindet sich dort ein israelisches Nationaldenkmal.

*Davidzitadelle*: Eine 24 v.Chr. von König Herodes auf dem westlichen Hügel Jerusalems mit drei massiven Verteidigungstürmen angelegte Festung, um die Westseite der Stadt zu sichern.

*Traurige Augen und eine Reisebeschreibung*

*Ma'adi* ist eine wohlhabende Wohngegend südlich von Kairo. In den 1950er und 1960er Jahren hielten sich dort deutsche Kriegsverbrecher versteckt, u. a. der KZ-Arzt Hans Eisele.

*Und dies ist dein Ruhm*

Dieses Gedicht ist eine komplex gestaltete Parodie der Jom Kippur- und Rosh Hashanah-Liturgie [2]. Jom Kippur ist der Versöhnungstag, Rosh Hashanah das jüdische Neujahrsfest. Stilistisch unterstreichen die vielen antagonistischen Juxtapositionen (z.B. Wasser – Feuer oder Jerusalem – Rom) die verzweifelte und vergebliche Suche des lyrischen Ichs nach Gott.

*Vom Menschenbist du …*

Der Gedichttitel spielt auf *Genesis 3:19* an: »*Von Staub bist du und zu Staub sollst du wieder werden*«.

*Was immer war*

***Rachel Bluwstein*** (1890-1931) war eine bekannte jüdische Lyrikerin. Viele Verse von ihr wurden vertont, so auch die erste Zeile in Amichais Gedicht.

***Moshav*** ist ein israelischer Siedlungstyp (landwirtschaftliche Kooperative), bei dem im Unterschied zum Kibbuz (→Glossar) in gewissem Maß Privateigentum erlaubt war.

*1948* war das Jahr, in dem sich der Israelische Unabhängigkeitskrieg zugunsten von Israel entschied und auch der Staat Israel gegründet wurde.

*Jakob und Esau*: evoziert die bibl. Geschichte der beiden Brüder (Moses 1:27).

Das *Tal Jezreel*: (»Tal der Saat Gottes«) ist eine Ebene in Nordisrael zwischen den Bergen von Galiläa und Samaria.

*Kohelet* → Glossar.

*Scheich Abrek*: Landwirtschaftlicher Kibbutz, gegründet von deutschen Auswanderern:

*Alexander Zaid* war eingesetzt, um Land des Jüdischen Nationalfonds zu bewachen. 1936 entdeckte er zufällig eine alte Höhlengräberstadt in der Nähe des Karmel Gebirges aus dem 2. bis 4. Jahrhundert. Archäologische Ausgrabungen konnten das Areal als *Beit She'arim* identifizieren. Heute gibt es dort den Beth She'arim-Nationalpark mit einem Reiterdenkmal, das an Alexander Zaid erinnert.

*Josefs Traum*: 1. Buch Mose 37:5.

*Gath und Galon*: Zwei Kibbuzim im Südwesten Israels. Sie spielten eine militärische Rolle im Unabhängigkeitskrieg, als sie die Tel-Aviv bedrohenden ägyptischen Streitkräfte wie durch ein Wunder aufzuhalten vermochten.

Gath wird auch mehrfach im Tanach genannt. Die Stadt lag im im Land der Philister (Joshua 13:3, 1 Samuel 5:7-10; 6:17).

Der Vers »*...ihr Leib ist aus allen sieben Sorten gemacht...*« bezieht sich auf die sieben, in der Thora erwähnten Früchte und spielt an auf 5. Buch Mose 8:8 » ... *ein Land, darin Weizen, Gerste, Weinstökke, Feigenbäume und Granatäpfel wachsen, ein Land, darin es Ölbäume und Honig gibt*«.

*Wie der Abdruck unserer Körper* — *Die drei Sprachen* (4. Strophe), die Amichai sprach, waren: Deutsch, Hebräisch und Englisch.

*Wie schön sind deine Zelte, Jakob* — Zitat der Anfangszeile eines Gebetes, das von Bileams Segen stammt (Numeri 24.5): »*Wie schön sind deine Zelte, Jakob, deine Wohnungen, Israel!*«

*Wir gingen zusammen, du und ich* — Die erste Strophe spielt auf die *Akkedah* (→Glossar) an.

*Zionsgesang 12* — *Trumpeldor, Joseph (1880-1920)*: Ein in Russland geborener Zionist der ersten Stunde und Kriegsheld. Er half, das zionistische Maultier-Corps zu gründen und schmuggelte jüdische Immigranten nach Mandatspalästina. Trumpeldor starb bei der Verteidigung von Tel Hai. Bald nach seinem Tod entstand die Legende, seine letzten Worte seien »*Es macht nichts, es ist schön für unser Land zu sterben*« gewesen, Belege dafür gibt es jedoch nicht[21].

*Zugfahrt*

Der erste Vers der vierten Strophe spielt auf Daniel 5 an, wo das ***Menetkel*** an der Wand erscheint als: »*mene mene tekel u farsin, gezählt, gewogen und zu leicht*«. Das »zu leicht« ist moralisch zu deuten.

[21] Idith Zertal, Israel's Holocaust And The Politics Of Nationhood, Cambridge University Press, 2005 pp.13-15.

# Benutzte Quellen

## Lyrik von Jehuda Amichai

Achshav ubajamim haacherim, Likrat, 1955;

Bemerkhak shtei tikvot, Hakibbutz Hameuchad, 1958

Shirim 1948-1962, Schocken, 1963; 1977; 2002

Achshav bara'ash, Schocken, 1968; 2002

Velo almenat lizkor, Schocken, 1971; 2002

Meachorei col ze mistater osher gadol, Schocken, 1974; 2003

Hazman, Schocken, 1977; 2003

Shalva gdola: she'elot utshuvot, Schocken, 1980; 2003

She'at hakhesed, Schocken, 1982; 2004

Meadam ata veal adam tashuv, Schocken, 1985; 2004

Gam haegrof haja pa'am jad ptucha veezba'ot, Schocken, 1989; 2002; 2004

Patuach sagur patuach, Schocken, 1998; 2004

Shirei Jrushalaijm, Poems of Jerusalem, Schocken, 1987

## Sekundärliteratur


| | | |
|---|---|---|
| 1 | **Aberbach**, David | Religious Metaphor and its Denial in the Poetry of Yehuda Amichai. Judaism: A Quaterly Journal of Jewish Life and Thought. Summer-Fall 2004 |
| 2 | **Abramson**, Glenda | The Distant Self. Aspects of Alienation in Contemporary Hebrew Poetry. Oxford, England, 1982 |
| 3 | **Abramson**, Glenda | Introduction. In: Abramson G. (Ed.) The Experienced Soul. Studies in Amichai. Westview Press, Boulder, CO, 1997 |
| 4 | **Alter**, Robert | The Poetry of Yehuda Amichai. Introduction. Farrar, Strauss & Giroux, New York, 2015 |
| 5 | **Alter**, Robert | Yehuda Amichai. In: The Modern Hebrew Poem Itself. Wayne State University Press, Detroit, 2003, 166-173 |
| 6 | **Band**, Arnold | Towards a Comprehensive Study of Amichai's Poetry. In: Abramson G. (Ed.) The Experienced Soul. Studies in Amichai. Westview Press, Boulder, CO, 1997, 9-16 |

| | | |
|---|---|---|
| 7 | **Bargard,** W., **Cheyer,** S.F. | (Eds) Israeli Poetry. A Contemporary Anthology. Indiana University Press, Bloomington and Indianapolis, 1988 |
| 8 | **Batnitzky** Leora, **Pardes** Ilana | The Book of Job. Aesthetics, Ethics, Hermeneutics. Walter de Gruyter GmbH, Berlin, München, Boston, 2015 |
| 9 | **Burnshaw**, Stanley **Carmi**, T, **Glassman** Susan, **Hirschfeld**, Ariel, **Spicehandler**, Ezra (Eds) | To the Reader. The Modern Hebrew Poem Itself. Wayne State University Press, Detroit, 2003, 15-22 |
| 10 | **Cohen,** Joseph | Voices of Israel. Essays and Interviews with Y. Amichai, A. B. Yehoshua, T. Carni, A. Applefeld, and A. Oz. State University of New York, Albany, 1990 |
| 11 | **Eco,** Umberto | Intertextuelle Ironie und mehrdimensionale Lektüre. In: Umberto Eco. Die Bücher und das Paradies. Deutscher Taschenbuch Verlag GmbH und Co. KG, München 2006 |
| 12 | **Eliot,** Thomas Stearns | The metaphysical poets. Times Literary Supplement, 20 October 1921 |
| 13 | **Eshel,** Amir | Eternal Present: Poetical Figura- |

| | | |
|---|---|---|
| | | tion and Cultural Memory in the Poetry of Yehuda Amichai, Dan Pagis and Tuvia Rübner. Jewish social Studies, Vol.7, No. 1, Fall 2000, 141-166 |
| 14 | **Feldman,** Ziva | The metaphor of the persona. In: Abramson G. (Ed.) The Experienced Soul. Studies in Amichai. Westview Press, Boulder, CO, 1997, 71-76 |
| 15 | **Finer Mintz,** Ruth | Modern Hebrew Poetry: A Bilingual Anthology. University of California Press Ltd., London, England, 1966 |
| 16 | **Fishelov,** David | Poetry and Poeticity in Joyce's "The Dead", Baudelaire's "Le Spleen de Paris", and Yehuda Amichai. Connotations 2013; 23.2, 261-282 |
| 17 | **Fishelow,** David | Yehuda Amichai: A Modern Metaphysical Poet. Orbis Litterarum 1992;47, 178-191 |
| 18 | **Fox,** Tamar | Yehuda Amichai, 1924-2000. The Jewish Quartelry, Autumn 2000 http://www.tandfonline.com/doi/abs/10.1080/0449010X.2000.10705194?journalCode=rjeq20 |
| 19 | **Friend,** Robert | Found in Translation. Modern Hebrew Poets. A Bilingual Editi- |

| | | |
|---|---|---|
| | | on. Second revised edition. The Tobi Press, New Milford, CT, 2006 |
| 20 | **Goldston,** Michael | Rhythm and Race in Modernist Poetry and Science. Columbia University Press, New York, 2008 |
| 21 | **Hamburger,** Michael | Introduction. Selected Poems by Yehuda Amichai, Ted Hughes (Ed.), Penguin Books, England, © Harold Schimmel, 1971, © Michael Hamburger, 1968 |
| 22 | **Jacobson,** David C. | Does David Still Play Before You? Israeli Poetry and the Bible. Wayne State University Press, Detroit, MI, 1997 |
| 23 | **Kamenetz,** Rodger | The Blessing of Metonymy: A Dream Poetics. http://thenaturaldream.com/the-blessing-of-metonymy-a-dream-poetics/rts |
| 24 | **Kirsch,** Adam | Amichai: The Tolerant Irony of Israel's National Poet. Tablet Book Reviews, December 21, 2015 |
| 25 | **Kronfeld,** Chana | On the Margins of Modernism. Decentering Literary Dynamics. University of California Press Ltd., Berkeley, London 1996 |
| 26 | **Kronfeld,** Chana | Beyond Thematicism in the |

| | | |
|---|---|---|
| | | Historiography of Post-1948 Political Poetry. Jewish Social Studies, 18;3, 2012, 180-196 |
| 27 | **Kronfeld,** Chana | Harshav's Likrat: Toward a New Poetics and Politics of the "Statehood Generation". Dibur Literary Journal, Issue 2, Spring 2016, 89-97 |
| 28 | **Mart**, Kurt | Notizen & Details 1964-2007. Beiträge aus der Zeitschrift Reformation. Leibendgut H., Bäumlin K., Schlup B. (Hrsg), Theologie Verlag Zürich, 2010 |
| 29 | **Masalha**, Nur | Catastrophe Remembered. Palestine, Israel and the International Refugees. Essays in Memory of Edward Said (1935-2003. Zed Books, London and New York, 2005, 220 ff. |
| 30 | **Matras,** Yaron, **Schiff** Leora | Spoken Israeli Hebrew Revisited: Structures and Variation. J Semitic Studies, Supplement 16, 2005 |
| 31 | **Mazor,** Yair | Israeli Poetry of the Holocaust. Rosemont Publishing and Printing Co., Cranbury, NJ, 2008 |
| 32 | **Mehnert,** Hennig | Bugia und argutezza. Emanuele Tesauros Theorie von Struktur und Funktionsweise des barocken Concetto. In: Romanische For- |

| | | schungen, 88, 1976, 195–209 |
|---|---|---|
| 33 | **Milman,** Yosef | Sacrilegious Imagery in Yehuda Amichai's Poetry. AJS Review, 1995;20(1), 99-121 |
| 34 | **Murata**, Yasuko | Translation as spiritual community. Trad Term 1996; 3:67 |
| 34 | **Rahm**, Diana L. | Poetry of Conflict: Egypt, Israel and Palestine. Fulbright-Hayes Seminar, Washington DC, 2000 |
| 35 | **Scharf Gold**, Nili | The "feminine" in Yehuda Amiachi's poetics. In Abramson G. (Ed.) The Experienced Soul. Studies in Amichai. Westview Press, Boulder, CO, 1997, 77-92 |
| 36 | **Scharf-Gold,** Nili | Yehuda Amichai. The Making of Israel's National Poet. Brandeis University Press of New England, Lebanon, NH, 2008 |
| 37 | **Shaked**, Gerson | Amichai and the Likrat Group: The Early Amichai and his Literary Reference Group. In Abramson G. (Ed.) The Experienced Soul. Studies in Amichai. Westview Press, Boulder, CO, 1997, 93-120 |
| 38 | **Shamir**, Ziva | The Conceit as a Cardinal Style-Marker in Yehuda Amichai's Poetry. In: Glenda Abramson (Ed.) The Experienced Soul: Stu- |

| | | dies in Amichai,. Boulder, Colorado & Oxford: Westview Press, 1997 |
|---|---|---|
| 39 | **Siegel,** Richard, **Safer,** Tamar | The Writer in the Jewish Community. An Israeli-North American Dialogue. Associated University Press, Inc., Cranbury, NJ, 1993 |
| 40 | **Wood,** James | The secular psalmist, The New Yorker, January 4, 2016 |
| 41 | **Young**, Gwyneth | Poets, Belief and Calamitous Times. PhD Thesis, The University of Melbourne, 2006 |

# Glossar

| | |
|---|---|
| Akhziv (Achziv) | Heute ein Nationalpark mit Strand im nördlichen Israel. Die historische Siedlung von Akhziv wird in der Bibel als Stadt des Stammes von Asher erwähnt und galt als bedeutende Stadt zu talmudischen Zeiten. Im Nationalpark gibt es ein Museum mit antiken Mühlsteinen → *Ich war keiner der sechs Millionen …* |
| Akkedah | Die in Genesis 22,1–19 beschriebene »Bindung« (עקדה, Akkedah) Isaaks durch Abraham auf den Opferstein, um dem göttlichen Opferungsgebot nachzukommen. Ein Engel hielt Abraham jedoch im letzten Moment davon ab, und an Stelle von Isaak wurde ein Widder geopfert. |
| Aleinu | Beginn der Lobpreis des Schöpfers nach dem öffentlichen Gebet. |
| Ararat | Ein ruhender Vulkan im heutigen Ostanatolien. Nach der Sintflut ist Noahs Arche dort gestrandet (Gen 8,4 EU). |
| Ashdod | Hafenstadt südl. von Tel-Aviv. Im Israelischen Unabhängigkeitskrieg (1947-1949) war die Umgebung heftig umkämpft. Die bis dahin vorgedrungene ägyptische Armee konnte jedoch zurückgeschlagen werden. |

| | |
|---|---|
| Ashkelon | Eine Stadt im Süden Israels. Die Archälogie geht davon aus, dass Ashkelon seit der Bronzezeit existierte und später von den Philistern eingenommen wurde.<br><br>In der bibl. Geschichte (Richter 13-16) wird Ashkelon im Zusammenhang mit dem jüdischen Richter Samson und seiner nichtjüdischen Frau Dalila erwähnt, in der Samson 30 Männer aus Rache dafür tötet, dass die Philister Dalila einem anderen Mann gaben. |
| Beth She\`arim | Der Nationalpark Beth Sche'arim liegt östlich, etwa 20 km von Haifa entfernt. Er beherbergt eine ausgedehnte Nekropole, die aus zahlreichen Katakomben besteht, in denen sich bis zu 400 Gräber befanden. Nahe der Nekropole steht heute ein Denkmal für Alexander Zaid, dem Entdecker des Geländes. |
| Caesarea | Das heutige Caesarea liegt am Mittelmeer zwischen Tel Aviv und Haifa, nördlich der antiken Stadt Caesarea Maritima → *Ich war keiner der sechs Millionen* |
| Chuleikat | Arabisches Dorf, das im 1948 im Unabhängigkeitskrieg stark umkämpft war und schließlich von einer israelischen Infanterie – Brigade eingenommen wurde → *Sieben Klagen für die Gefallenen* |

| | |
|---|---|
| El male rachamim | »El Male Rachamim« sind die Anfangsworte des jüdischen Totengebetes (*Kaddisch*) |
| Elul | Der zwölfte und letzte Monat des bürgerlich jüdischen Kalenders und der sechste des religiös jüdischen Kalenders. Er fällt im gregorianischen Kalender auf August und September. |
| Etrog | Eine besondere Zitronenzitrone, die rituell während des Laubhüttenfests (Sukkot) verwendet wird und unversehrt, rein und makellos sein muss. |
| Hagana | Die Hagana (הגנה, Schutz, Verteidigung) war eine zionistische Kampfgruppe während der britischen Mandatsherrschaft in Palästina und im Israelischen Unabhängigkeitskrieg. Nach der Gründung des Staates Israel bildete sich aus ihr und anderen Untergrundorganisationen die israelische Armee. |
| Israelischer Unabhängigkeitskrieg | Der Krieg (30. Nov. 1947 bis 20. Juli 1949) begann nach den UN-Teilungsplänen für Palästina als Bürgerkrieg zwischen Juden (Hagana, Irgun etc.) und Arabern. Weitere Beteiligte waren, Königreich Ägypten, Syrien, Transjordanien, Libanon und Königreich Irak. Er endete mit dem Sieg Israels. Am 14. Mai 1948 wurde der unabhängige Staat Israel ausgerufen. |

| | |
|---|---|
| Jom Kippur | Versöhnungstag, höchster jüdischer Feiertag. |
| Jom-Kippur-Krieg | Krieg, der im Oktober 1973 von Ägypten und Syrien gegen Israel begonnen wurde, u.a. um die im Sechstage-Krieg besetzte Sinai-Halbinsel bzw. die Golan-Höhen zurückzugewinnen. |
| Kaddisch | Jüdisches Totengebet: »Gott voller Erbarmen (in den Himmelshöhen thronend, es sollen finden die verdiente Ruhestätte unter den Flügeln Deiner Gegenwart in den Rängen der Heiligen, der Reinen und der Helden, strahlend wie der Glanz des Himmels, die Seelen der Gefallenen der Streitkräfte zur Verteidigung Jisraels, die gefallen sind in den Kriegen Jisraels, bei Verteidigungs-, Vergeltungs- und Absicherungsaktionen … «). |
| Kiddusch | »Heiligung« Gebet am Beginn des Schabbats. |
| Kohelet | Ein Buch der jüd. Schriften (Ketuvim) des Tanach, mit Weisheitssprüchen, praktischen Lebensratschlägen und Warnungen vor falscher Lebensweise, verfasst von einem anonymen Prediger. In der Septuaginta heißt das Buch Ekklesiastes. Kohelet war das Pseudonym eines Königs aus Jerusalem, der das Buch als Meditation verfasst hat. Es ist stellenweise geprägt von tiefem |

| | |
|---|---|
| | Pessimismus und Nihilismus: »Alles ist ohne Bedeutung«. |
| Libanon-Krieg | Militärische Auseinandersetzung 1982 im Libanon zwischen der israelischen Armee und verbündeten Milizen einerseits und Kämpfern der PLO und syrischen Truppen auf der anderen Seite. Der erste Krieg, den Israel begann, ohne dass seine Existenz unmittelbar bedroht war. Israel nannte die Operation »Frieden für Galiläa«. Die israelische Offensive wurde auch von vielen Israelis als Angriffskrieg gewertet. |
| Megilloth | Die Gesetzesrollen der Thora. |
| Nakba | Arab. »Tag der Katastrophe «, Jährlicher Gedenktag (15. Mai) an dem die Palästinenser der 750 000 Vertriebenen und der Zerstörung ihrer Städte und Dörfer 1948 gedenken. |
| Palmach | Paramilitärische Kampfgruppe der Untergrundorganisation Hagana, u.a. zur militärischen Ausbildung Jugendlicher. |
| Pessach | Fest im Frühling zur Erinnerung an den Auszug der Juden aus Ägypten. |
| Schabbat | (Ruhetag) beginnt am Freitagabend mit dem Sonnenuntergang, wenn man einen grauen Wollfaden nicht mehr von einem blauen unterscheiden kann, und dauert bis zum Eintritt der Dun- |

| | |
|---|---|
| | kelheit am folgenden Samstag. Am Schabbat ist es den frommen Juden verboten, Arbeiten zu verrichten. |
| Sechstage-Krieg | Ägypten, Jordanien und Syrien überfielen Israel 1967, wurden aber durch die Israelische Armee vernichtend geschlagen. Der Krieg dauerte dank der Israelischen Überlegenheit infolge Präventivschlagtaktik nur vom 5. bis zum 10. Juni 1967. Seither ist Jerusalem, das vorher in West- und Ost-Jerusalem geteilt war, wieder vereint und unter Israelischer Kontrolle. |
| Suez-Krise /Sinai-Feldzug | Die Sueskrise (Sinai-Feldzug) im Oktober 1956 war ein internationaler Konflikt zwischen Ägypten auf der einen Seite und Großbritannien, Frankreich und Israel auf der anderen Seite. Auslöser war die Verstaatlichung der mehrheitlich britisch-französischen Suezkanal-Gesellschaft durch den Präsidenten Ägyptens, Gamal Abdel Nasser. |
| Tallith | Gebetsschal. |
| Tanach | Jüdische Bibel. Das hebräische Wort »Tanach« ist ein Akronym aus den Abkürzungen der drei Bücher, die darin enthalten sind: Torah, Nevi'im (Propheten) und Ketuvim (Schriften). |
| Tefillin | Gebetsriemen und Kapsel, die beim Beten um den linken Arm gwickelt |

bzw. auf der Stirn befestigt wird.

Thora — Die Thora (Unterweisung oder „Lehre) enthält die fünf Bücher: Bereschit (Im Anfang schuf ...), Schemot (Dies sind die Namen ...), Wajikra (Und es rief ...), Bemidbar (Und es redete HaSchem in der Wüste ...) Dewarim (Dies sind die Worte ...)

Unabhängigkeitskrieg — Am 30. November 1947 nach Abzug der Briten aus Palästina und Verabschiedung des Teilungsplanes durch die UN, begannen Kämpfe zwischen arabischen Milizen und der *Hagana*. Letztere blieb siegreich, so dass am 14. Mai 1948 sich Israel als unabhängiger Staat gründete. Noch in der Nacht der Unabhängigkeitsfeier wurde Israel von regulären arabischen Armeeeinheiten aus Ägypten, Syrien, Libanon, Jordanien und Irak angegriffen. Der Krieg endete am 20. Juli 1949 mit Waffenstillstandsabkommen, die separat zwischen Israel und den arabischen Nachbarstaaten unter UN-Aufsicht ausgehandelt wurden.

## Dank

Mein herzlicher Dank gilt Chana Amichai für die Genehmigung zur Auswahl und Übersetzung der Gedichte von Jehuda Amichai. Großer Dank gebührt Elisabeth Stein-Salomon und Daniel Osthoff für ihre begeisterte Unterstützung meiner Buch-Idee sowie Dr. Eva Pleticha-Geuder für die permanente Versorgung mit hebräischer Originalliteratur. Ferner geht mein Dank an Dr. Neumann für die prompte Aufnahme des Buches in sein Verlagsprogramm, an Rainer Greubel für die akribische Durchsicht des Manuskripts und an Dr. Heinlein für die ästhetische Umschlaggestaltung. Schließlich gilt mein Dank Prof. David Fishelov (Jerusalem), Frau Brigitte Graney (St. Louis) sowie Prof. Chana Kronfeld (Berkeley) für wertvolle Literaturhinweise. Last, but not least, möchte ich meiner Frau Maria danken, die mich ermutigt hat, in die lyrische Welt Amichais einzutauchen.

## Gefräßige Erinnerungen loslassen*

In diesen Tagen denke ich an den Wind in deinen Haaren,
an die Jahre, die ich vor dir in die Welt gekommen bin,
und an die Ewigkeit, in die ich vor dir gehe.

Ich denke an die Kugel im Krieg, die mich nicht traf,
stattdessen die Freunde getötet hat,
die besser waren als ich,
weil sie nicht überlebten, wie ich.

Ich denke daran, wie du im Sommer nackt vorm Ofen
standst,
über das Buch gebeugt, um besser lesen zu können
im letzten Tageslicht.

Schau, wir hatten mehr als ein Leben.
Wir müssen nun das Ganze ins Gleichgewicht bringen
durch gewichtige Träume und müssen gefräßige Erinner-
ungen
loslassen auf das, was einmal heute war.

* Aus: *Nun im Aufruhr* – hebräischer Text auf Seite 5

**Index der Gedichte** **Seite**